지름길 일본어작문

임종석 지음

보고사

はしがき

머리말

이제 그 효용성을 강조하지 않아도 좋을 만큼 일본어는 국제적인 언어가 되었다. 따라서 일본에서는 외국인들에게 일본어를 가르치기 위한 일본어 교육 전문가가 양성되었고, 이들은 세계 각국의 일본어를 배우고자 하는 사람들을 위해 많은 일본어 교재들을 개발하였다. 물론 이들 교재는 우리 나라에도 대부분 유입되었다. 그런데 여기에서 간과해서는 안되는 것이 있다. 이들 교재가 일본어와는 그 어순이 전혀 다른 언어를 모국어로 쓰고 있는 사람들을 위해 만들어졌다는 것이 그것이다. 그러므로 일본어와 어순이 거의 같은 우리 한국어를 쓰는 사람들이 학습하기에는 적당하지 않은 것이다.

필자가 이 책을 펴내게 된 이유는 여기에 있다. 우리 한국 사람이 일본어를 배우기 위한 교재는 역시 우리 한국 사람이 개발할 수밖에 없는 실정이다. 그래서 필자는 다년간 대학에서 일본어의 기초와 작문을 강의해 오면서 교재개발에 힘을 기울였고, 그 초안을 가지고 가르치면서 문제점들의 수정 보안을 거듭해 왔다. 그 결과를 우선 이 책『지름길 일본어 작문』으로 펴내게 되었다.

앞에서도 언급한 바와 같이 우리말과 일본어는 그 어순이 같다고 해도 과언이 아닐 정도로 비슷하다. 그러므로 약간의 문법적인 사항만 고려한다면 일본어의 단어를 우리말 순서로 나열하면 그대로 일본어의 문장이 되는 것이다. 다시 말해서 단어와 단어를 연결하는 방법만 알면 된다는 것이다. 예를 들어 말하자면 이런 것이다.

私たち(わたし)	は	いつも	雨(あめ)	が	止(や)んで	から	山(やま)	に	登(のぼ)る。
↓	↓	↓	↓	↓	↓	↓	↓	↓	↓
우리들	은	언제나	비	가	그치고	나서	산	에	오른다.

위에서 보는 바와 같이 일본어 단어를 우리말 순서대로 늘어놓으면 그대로 일본어 문장이 된다. 그런데 문제가 되는 것은「그치고 나서(止んでから)」는 동사「止む(그치다)」와 접속조사「~て(~고)」가 격조사「から(나서)」에 이어져서 된 것인데, 이것이 어떻게 하여「止んでから(그치고 나서)」가 되었느냐 하는 것이다.

다시 말해서「私たちはいつも雨が止んでから山に登る。(우리들은 언제나 비가 그치고 나서 산에 오른다.)」라는 문장을 만들려고 하면「止んで(그치고)」만 문법에 맞추어 연결하고 다른 단어들은 우리말 순서에 따라 늘어놓기만 하면 된다는 것이다.

그러므로 위와 같은 문장을 만들려고 하면 이 책의「문형색인」의「한국어」색인에서「~<하>고 나서」(p.51)를 찾은 다음 본문으로 가면 이에 대한 설명이 자세하게 나와 있으니 이에 따라 작문을 하면 되는 것이다.

일본어는 작문이 되면 독해는 물론이고 회화까지도 가능하게 된다. 그러므로 이 책은 여기에도 초점을 맞추어 종합적인 일본어 교재로서의 기능을 다하도록 고려하였다. 아무쪼록 이 한 권의 책이 여러분의 소기의 목적달성에 기여하기를 바란다.

2000년 8월 지은이 임 종 석 드림

차 례

もくじ

もくじ

1 ~そうだ

동사・형용사・형용동사 + そうだ (~고 한다)
동사의 연용형, 형용사・형용동사 어간 + そうだ (~것 같다)

「~そうだ」 앞에 동사・형용사・형용동사의 기본형이 오면 「~고 한다」라는 화자가 다른 사람으로부터 전해들은 말이 되고, 동사의 연용형이나 형용사, 형용동사의 어간이 오면 「~것 같다」라는 어떠한 상태의 추측을 나타내는 말이 된다.

＊「동사・형용사・형용동사」라고 표기되었을 경우는 이들의 기본형을 가리키는 것임.

明日は雨が降るそうです。 내일은 비가 내린다고 합니다.
彼は具合が悪いそうです。 그는 건강상태가 나쁘다고 합니다.
この路地は安全だそうです。 이 골목은 안전하다고 합니다.

明日は雨が降りそうです。 내일은 비가 내릴 것 같습니다.
今晩は寒そうだ。 오늘밤은 추울 것 같다.
ここは安全そうな路地です。 여기는 안전할 것 같은 골목입니다.

今日は雨でも降りそうな天気ですね。 오늘은 비라도 내릴 것 같은 날씨군요.
彼女はいつもうれしそうに話します。 그녀는 언제나 즐거운 듯이 이야기합니다.
彼はまじめそうではないですね。 그는 성실한 것 같지 않군요.

한자읽기

彼女(かのじょ)　彼(かれ)　降(ふ)る　具合(ぐあい)　悪(わる)い　路地(ろじ)

어휘

~そうだ : ~고 한다, ~것 같다
彼女(かのじょ) : 그녀, 그 여자
彼(かれ) : 그, 그 사람
路地(ろじ) : 골목, 골목길
降(ふ)る : 내리다
具合(ぐあい) : 상태, 형편, 건강 상태
悪(わる)い : 나쁘다
~ですね : ~군요

일본어의 문장은 초보자들의 학습을 돕기 위해 띄어쓰는 경우도 있으나, 띄어쓰기를 하지 않는 것이 원칙이다.

「~そうだ」는 다음과 같이 형용동사의 활용을 한다.

「~고 한다」(전문<伝聞>)

降るそうだ	(내린다고 한다)	
降るそうで	(내린다고 하여)	— 연용형
降るそうだ。	(내린다고 한다.)	— 종지형

※미연형・연체형・가정형・명령형은 없음

「~것 같다」(상태<状態>)

降りそうだ	(내릴 것 같다)	
降りそうだろう。	(내릴 것 같지?)	— 미연형(의문형)
降りそうだった。	(내릴 것 같았다)	— 연용형(과거형)
降りそうで	(내릴 것 같아)	— 연용형(중지법)
降りそうで(は)ない	(내릴 것 같지 않다)	— 연용형(부정형)
降りそうに	(내릴 것 같게)	— 연용형
降りそうな	(내릴 것 같은)	— 연체형
降りそうなら(ば)	(내릴 것 같으면)	— 가정형
降りそうだ。	(내릴 것 같다)	— 종지형

작 문 다음 문장을 일본어로 바꾸시오

정답 p.289

1. 김 상은 내일 서울에 간다고 합니다.

⇨

2. 오늘밤은 비가 내린다고 하여 집에 있습니다.

⇨

3. 원숭이는 이것을 먹을 것 같지?

⇨

4. 내일은 비가 내릴 것 같다.

⇨

5. 그는 여기에 올 것 같지 않다.

⇨

6. 거기도 이제 조용한 것 같다.

⇨

7. 그는 어젯밤 추운 듯한 얼굴이었습니다.

⇨

8. A강의실이 조용한 것 같으면 거기에 가자.

⇨

人類(じんるい)の智慧(ちえ)－諺(ことわざ)(인류의 지혜－속담)

愛犬(あいけん)に手(て)を噛(か)まれる(애견한테 손을 물린다)

자신이 친절하게 대해 준 사람으로부터 불이익을 당한다는 뜻.

~ようだ

동사・형용사・형용동사의 연체형 + ようだ (~<하>는 것 같다)
명사 + のようだ (~ 같다)

추량이나 불확실한 단정, 완곡한 단정 등을 나타내는 표현이다.

杉井さんは明日大阪へ行くようです。 스기이 상은 내일 오사카에 가는 것 같습니다.
今、外は暑いようです。 지금 밖은 더운 것 같습니다.
会議室も今は静かなようです。 회의실도 지금은 조용한 것 같습니다.
花のように笑う彼女の顔は美しい。 꽃처럼 웃는 그녀의 얼굴은 아름답다.

한자읽기

杉井(すぎい)　大阪(おおさか)　今(いま)　外(そと)　会議室(かいぎしつ)

어휘

~ようだ : ~<하>는 것 같다
~のようだ : ~과 같다
杉井(すぎい) : 스기이(일본의 성씨)
大阪(おおさか) : 오사카(일본의 지명)
今(いま) : 지금
外(そと) : 밖
会議室(かいぎしつ) : 회의실

주요문법

「~ようだ」는 불확실한 단정(暑いようです<더운 것 같습니다>), 비유(花のように笑う<꽃처럼 웃는다>), 예시(金さんのようにきれいな人<김 상처럼 예쁜 사람>)의 문장을 만든다.

「~ようだ」는 다음과 같이 형용동사의 활용을 한다.

食べるようだ。　(먹는 것 같다)
食べるようだろう。　(* 사실상 쓰지 않는 표현이다.)
食べるようだった。　(먹는 것 같았다)　— 연용형(과거형)
食べるようで、　(먹는 것 같아)　— 연용형(중지법)

食べるようで(は)ない。　(먹는 것 같지<는> 않다)　―연용형(부정형)
食べるように　(먹는 것처럼)　―연용형
食べるようなら(ば)　(먹는 것 같으면)　―가정형
食べるようだ。　(먹는 것 같다)　―종지형

「~<の>ようだ」는 다음과 같이 쓰이는 경우가 많다.

私は明日ソウルへ行くようになりました。 (나는 내일 서울에 가게 되었습니다.)
私も泳げるようになりたいです。 (나도 수영하게끔 되고 싶습니다.)
明日は必ず行くようにします。 (내일은 반드시 가도록 하겠습니다.)
＊「行くようになる。」는「行くことになる。」라고 하는 것이 일반적이다.

あの人は日本人のような気がします。 (저 사람은 일본인인 것 같은 생각이 듭니다.)
あの人は日本人で(では・じゃ)ないような気がします。
(저 사람은 일본인이 아닌 것 같은 생각이 듭니다.)
この部屋は不便なような気がします。 (이 방은 불편할 것 같은 생각이 듭니다.)
今度の試験はやさしいような気がします。 (이번 시험은 쉬울 것 같은 생각이 듭니다.)
彼女は明日行くような気がします。 (그녀는 내일 갈 것 같은 생각이 듭니다.)

☆ 泳(およ)げる : 헤엄칠 수 있다　今度(こんど) : 이번　必(かなら)ず : 반드시　気(き)がする : 생각이 든다, 기분이 든다

「~ようだ」(~<하>는 것 같다)의 과거형은 「~たようだ」(~<한> 것 같다)이다.
あのりんごは彼が食べたようだ。(그 사과는 그가 먹은 것 같다.)
これは金さんが書いたようだ。(이것은 김 상이 쓴 것 같다.)

작 문　다음 문장을 일본어로 바꾸시오

정답 p.289

1. 그도 내일은 부산에 갈 것 같습니까?
⇨

2. 밖은 어젯밤도 추운 것 같았다.
⇨

3. 오늘은 밖이 추운 것 같아 집에 있습니다.
⇨

4. 강의실은 지금 조용한 것 같지 않습니다.
⇨

5. 그는 개가 먹는 것처럼 밥을 먹는다.

⇨

6. 그가 서울에 갈 것 같으면 나도 가겠다.

⇨

人類(じんるい)の智慧(ちえ)－諺(ことわざ)(인류의 지혜－속담)

芋頭(いもがしら)でも頭(かしら)は頭(かしら)(토란 머리도 머리는 머리)

토란같이 시시한 것의 머리라 할지라도 머리는 머리로, 역시 그만한 가치는 있다는 뜻.

3 ~(さ)せる

오단동사의 미연형 + せる (~하게 하다)
상일단・하일단동사의 미연형 + させる (~게 하다)
くる → こさせる (오게 하다)　　する → させる (시키다)

사역의 뜻을 나타내는 표현이다.

編集局長は森記者に昨日の記事を<u>読ま</u>せました。

편집국장은 모리 기자에게 어제의 기사를 읽게 했습니다.

子供に教育映画を<u>見</u>させる 人が多くなりました。

어린이에게 교육영화를 보게 하는 사람이 많아졌습니다.

赤ん坊に牛乳を<u>飲ま</u>せろ。 아기에게 우유를 먹여라.

先生が<u>来</u>させれば、彼はいつでも来ます。 선생님이 오게 하시면 그는 언제라도 옵니다.

あなたにはその仕事を<u>絶対</u>させません。 당신에게는 그 일을 절대로 시키지 않겠습니다.

한자읽기

編集(へんしゅう)　局長(きょくちょう)　森(もり)　記者(きしゃ)　記事(きじ)　教育(きょういく)　見(み)る　赤(あか)ん坊(ぼう)　牛乳(ぎゅうにゅう)　仕事(しごと)　絶対(ぜったい)

어휘

~せる : ~<하>게 하다
~させる : ~<하>게 하다
編集(へんしゅう) : 편집
局長(きょくちょう) : 국장
森(もり) : 모리(일본의 성씨), 숲
記者(きしゃ) : 기자
記事(きじ) : 기사
教育(きょういく) : 교육
見(み)る : 보다
赤(あか)ん坊(ぼう) : 아기, 갓난아기
牛乳(ぎゅうにゅう) : 우유
仕事(しごと) : 일
絶対(ぜったい) : 절대, 절대로

「~せる」「~させる」는 사역(使役)의 말을 만들며, 하일단 활용동사의 활용을 한다.

~(さ)せない　(~하게 하지 않는다)

~(さ)せます　(~하게 합니다)

~(さ)せる時　(~하게 할 때)

~(さ)せれば　(~하게 하면)

~(さ)せろ　(~하게 해라)

~(さ)せよう　(~하게 하자)

작 문　다음 문장을 일본어로 바꾸시오

정답 p.289

1. 다나카 상에게 술을 마시게 한다.

   ⇨

2. 그는 어린이들에게 좋은 영화를 보게 하는 사람입니다.

   ⇨

3. 김 상은 언제나 어린이들에게 좋은 것을 먹게 합니다.

   ⇨

4. 선생님이 그를 여기에 오게 했습니다.

   ⇨

5. 어린이에게 공부만 시키는 것은 좋지 않습니다.

   ⇨

~(ら)れる

오단동사의 미연형 + れる (수동・가능・존경・자발)
상일단・하일단 동사의 미연형 + られる (수동・가능・존경・자발)
くる → こられる (수동・가능・존경・자발)
する → される (수동・가능・존경・자발)

수동・가능・존경・자발의 뜻을 나타내는 표현이다.

人質は昨夜、狭い部屋に監禁されました。 인질은 어젯밤 좁은 방에 감금되었습니다.(수동)
私は明日もここに来られます。나는 내일도 여기에 올 수 있습니다.(가능)
昨日日本から南先生が来られました。어제 일본에서 미나미 선생님께서 오셨습니다.(존경)
雨の降る日は故郷が思い出されます。비가 오는 날은 고향이 생각납니다.(자발)

한자읽기

人質(ひとじち)　狭(せま)い　監禁(かんきん)　南(みなみ)　故郷(ふるさと)　思(おも)い出(だ)す

어휘

~れる : 수동・가능・존경・자발의 말
来(こ)られる : 「来る」의 수동・가능・존경・자발의 말
人質(ひとじち) : 인질
監禁(かんきん) : 감금
故郷(ふるさと) : 고향
~られる : 수동・가능・존경・자발의 말
される : 「する」의 수동・가능・존경・자발의 말
狭(せま)い : 좁다, 좁은
南(みなみ) : 미나미(일본의 성씨), 남쪽
思(おも)い出(だ)す : 생각해 내다, 상기하다

주요문법

「~(ら)れる」의 앞에 동사의 미연형이 와서 수동(受動)・가능(可能)・존경(尊敬)・자발(自発)의 의미를 나타내는 말을 만드는데, 어느 동사는 이 4가지의 의미를 모두 나타내는 말을 만들기도 하나, 또 어느 동사는 2, 3가지, 또는 1가지의 의미를 나타내는 말만 만들기도 한다.
활용은 「~(さ)せる」처럼 하일단 활용동사의 활용을 한다.

작 문 다음 문장을 일본어로 바꾸시오

정답 p.289

1. 그는 김 상에게 주먹으로 맞았습니다(때림을 당했습니다).

⇨

2. 이것을 내일까지 외울 수 있습니까?

⇨

3. 고향의 부모가 걱정이 되다.

⇨

4. 선생님, 내일 오실 수 있습니까?

⇨

☆ 拳(こぶし) : 주먹　殴(なぐ)る : 때리다, 치다　案(あん)じる : 걱정하다

~(さ)せられる

오단동사의 미연형 + せられる (~게 함을 당하다)
상일단・하일단동사의 미연형 + させられる (~게 함을 당하다)
くる → こさせられる (오게 함을 당하다)
する → させられる (시킴을 당하다)

사역의 수동의 뜻을 나타내는 표현이다.

学生達は先生に日本語の本を読ませられました。

학생들은 선생님이 일본어 책을 읽게 하여 읽었습니다.

少年は昨夜町で淫らなことを見させられました。

소년은 어젯밤 거리에서 음란한 것을 <자기의 의사와는 상관없이> 보았습니다.

インスタント食品ばかり食べさせられる寮の学生達が可哀想である。

인스턴트 식품만 <어쩔 수 없이> 먹는 기숙사 학생들이 가엾다.

毎日ここに来させられるのは嫌です。 매일 여기에 <억지로> 오는 것은 싫습니다.

高校三年生は勉強ばかりさせられます。

고등학교 3학년은 <싫든 좋든 간에> 공부만 합니다.

한자읽기

学生(がくせい)　少年(しょうねん)　町(まち)　淫(みだ)らだ　食品(しょくひん)　寮(りょう)　可哀想(かわいそう)だ　毎日(まいにち)　嫌(いや)だ　~年生(ねんせい)

어휘

~せられる : ~게 함을 당하다
~させられる : ~게 함을 당하다
来(こ)させられる : 오게 함을 당하다
させられる : 시킴을 당하다
学生(がくせい) : 학생
少年(しょうねん) : 소년
町(まち) : 거리, 시내, 읍내
淫(みだ)らだ : 음란하다, 음탕하다
食品(しょくひん) : 식품
寮(りょう) : 기숙사
可哀想(かわいそう)だ : 가엾다, 불쌍하다
毎日(まいにち) : 매일
嫌(いや)だ : 싫다
~年生(ねんせい) : ~학년

작 문 다음 문장을 일본어로 바꾸시오

정답 p.289

1. 우리들은 일본어 글자를 쓰게 함을 당했습니다.

⇨

2. 그는 어제 서울에 가게 함을 당했습니다.

⇨

3. 작업장에 오게 함을 당하는 사람들이 가엾다.

⇨

4. 군인은 훈련을 시킴을 당합니다.

⇨

☆ 字(じ) : 글자　軍人(ぐんじん) : 군인　訓練(くんれん) : 훈련

~が~たい

~が + 동사의 연용형 + たい (~을 ~<하>고 싶다)

동사의 연용형 + たい (~<하>고 싶다)

희망을 나타내는 표현이다.

ああ、暑い、冷たい水が<u>飲み</u>たい。 아, 덥다, 차가운 물을 마시고 싶다.

あなたは今度の試合に<u>勝利し</u>たくないですか。

당신은 이번 시합에서 승리하고 싶지 않습니까?

私が昨日試験に失敗して<u>泣き</u>たかった時にちょうど彼が来ました。

내가 어제 시험에 실패하여 울고 싶었을 때 마침 그가 왔습니다.

한자읽기

勝利(しょうり)

어휘

~たい : ~<하>고 싶다　　勝利(しょうり) : 승리

ちょうど : 꼭, 정확히, 마침

주요문법

「~을~<하>고 싶다」라는 의미의 일본어 문장을 쓸 때 우리 한국인은 「~を~たい」라고 쓰는 경향이 있다. 그러나 일본인은 이를 보통 「~が~たい」 라고 쓴다. 「~が~たい」가 「~を~たい」 보다 강조된 표현이기 때문이다. 이 「~たい」 앞에는 물론 조사 「は」 「も」 「に」 등도 올 수 있다.

日本の小説が<u>読み</u>たい。　(일본의 소설을 읽고 싶다.)
日本の小説を<u>読み</u>たい。　(일본의 소설을 읽고 싶다.)
日本の小説は<u>読み</u>たい。　(일본의 소설은 읽고 싶다.)
日本の小説も<u>読み</u>たい。　(일본의 소설도 읽고 싶다.)

ソウルに行きたい。　　　　　(서울에 가고 싶다.)

「~たい」는 형용사의 활용을 한다.

行きたかろう。　(가고 싶겠지)
行きたかった。　(가고 싶었다)
行きたく、　　　(가고 싶고, 가고 싶게)
行きたくて、　　(가고 싶고, 가고 싶어서)
行きたくなる。　(가고 싶어지다)
行きたくない。　(가고 싶지 않다)
行きたければ、　(가고 싶으면)

※「行きたかろう」는 대신「行きたいだろう」(가고 싶겠지)라고 쓰는 것이 보통이다.

작문 다음 문장을 일본어로 바꾸시오

정답 p.289

1. 당신은 오늘 무엇을 하고 싶습니까?

⇨

2. 김 상, 당신은 무엇을 먹고 싶습니까?

⇨

3. 김 상은 이 책을 읽고 싶지 않습니까?

⇨

4. 당신은 영화를 보고 싶을 때 어떻게 합니까?

⇨

5. 나도 일본에 가고 싶어졌습니다.

⇨

~らしい

동사・형용사, 형용동사의 어간・명사 + らしい (~것 같다)

추정의 뜻을 나타내는 표현이다.

佐野さんは明日九州へ行くらしいです。 사노 상은 내일 규슈에 가는 것 같습니다.

今、外は寒いらしい。 지금 밖은 추운 것 같다.

図書館は静からしいから行きましょう。 도서관은 조용한 것 같으니까 갑시다.

これは金さんの机らしいですね。 이것은 김 상의 책상인 것 같군요.

한자읽기

九州(きゅうしゅう)　机(つくえ)　佐野(さの)

어휘

~らしい : ~인 것 같다　　九州(きゅうしゅう) : 규슈(일본의 지방명)

机(つくえ) : 책상

주요문법

「~らしい」 앞에 「男」「女」 등의 말이 오면 「~답다」라는 의미의 말이 되기도 한다.

男らしい	(남자답다)
女らしい	(여성스럽다)
春らしい天気	(봄다운 날씨)

「~らしい」는 형용사의 활용을 한다.

いるらしかった	(있는 것 같았다)
いるらしく思われる	(있는 것 같이 생각된다)
いるらしい人	(있는 것 같은 사람)
いるらしければ	(있는 것 같으면)

작 문 다음 문장을 일본어로 바꾸시오

정답 p.289

1. 그녀는 매일 아침 우유를 마시는 것 같습니다.

⇨

2. 그 소녀는 아름다운 것 같습니다.

⇨

3. 도서관이 조용한 것 같으면 지금 가겠습니다.

⇨

4. 그녀는 정말로 여성스러운 사람입니다.

⇨

人類(じんるい)の智慧(ちえ)－諺(ことわざ)(인류의 지혜－속담)

色気(いろけ)よりも食気(くいけ)(색욕보다도 식욕)

색욕보다도 식욕이 먼저라는 뜻.

~ている

동사의 연용형 + ている (~<하>고 있다, ~<해>져 있다)

동작의 진행과 어떠한 상태를 나타내는 표현이다.

＊「~て・~た・~たり・~たら」등의「~」부분에는 음편형이 적용된 동사의 연용형이 옴.

今東京はミニスカートが流行っています。 지금 도쿄는 미니스커트가 유행하고 있습니다.

もしもし、こんな遅い時間になぜあなたの部屋の窓が開いている**のですか。**

여보세요, 이런 늦은 시간에 왜 당신 방의 창문이 열려 있는 겁니까?

今ガムを噛んでいる**人はだれですか。** 지금 껌을 씹고 있는 사람은 누구입니까?

한자읽기

流行(はや)る　窓(まど)　開(あ)く

어휘

~ている : ~<하>고 있다, ~<해>져 있다
流行(はや)る : 유행하다
窓(まど) : 창, 창문
ガム : 껌(gum)
ミニスカート : 미니스커트(miniskirt)
なぜ : 왜
開(あ)く : 열리다
だれ : 누구

주요문법

「~ている」앞에 자동사가 오면 무엇을 하고 있다고 하는 현재의 진행을 나타내기도 하고 무엇 무엇이 되어져 있는 상태를 나타내기도 하나, 타동사가 오면 현재의 진행만을 나타낸다.

자동사의 경우

彼はバスで来ています。 (그는 버스로 오고 있습니다<와 있습니다>.)
窓が風で開いている。 (창문이 바람으로 열리고 있다<열려 있다>.)
彼女は汚れている。 (그녀는 더럽혀지고 있다<더럽혀져 있다>.)

☆ 汚(けが)れる : 더러워지다. 더렵혀지다.

타동사의 경우

窓を<u>開け</u>ている。 (창문을 열고 있다.)

彼女は自分の体を<u>汚し</u>ている。 (그녀는 자기의 몸을 더럽히고 있다.)

車を<u>止め</u>ている。 (차를 세우고 있다.)

☆ 開(あ)ける : 열다　汚(よご)す : 더럽히다　止(と)める : 세우다

「~ている」보다 약간 공손한 표현으로 「~ておる」가 있다.

私はこの頃も日本語の勉強を<u>し</u>ております。 (저는 요즘도 일본어 공부를 하고 있습니다.)

私は今友達に手紙を<u>書い</u>ております。 (저는 지금 친구에게 편지를 쓰고 있습니다.)

☆ この頃(ごろ) : 요즘, 최근　おる : 있다

작 문　다음 문장을 일본어로 바꾸시오

정답 p.289

1. 그는 거기에 가 있습니까?

⇨

2. 저기에서 울고 있는 여자는 누구입니까?

⇨

3. 누가 지금까지 공부를 하고 있습니까?

⇨

4. 더워서 밖에 나와 있습니다.

⇨

~ていらっしゃる

동사의 연용형 + ていらっしゃる (~<하>고 계시다)

동작주를 높이는 표현이다.

先生は研究室で学生達を<u>指導し</u>ていらっしゃいます。

선생님은 연구실에서 학생들을 지도하고 계십니다.

お父さんが本を<u>読ん</u>でいらっしゃれば娘さんたちは静かにしています。

아버님이 책을 읽고 계시면 따님들은 조용히 하고 있습니다.

あそこに<u>立っ</u>ていらっしゃる方はどなたですか。 저기에 서 계시는 분은 누구십니까?

한자읽기

指導(しどう)　　~方(かた)

어휘

~ていらっしゃる : ~<하>고 계시다　　指導(しどう) : 지도
~方(かた) : ~분

주요문법

「~ていらっしゃる」는 다음과 같이 특수한 활용을 한다.

~ていらっしゃらない。　(~<하>고 계시지 않는다)
~ていらっしゃいます。　(~<하>고 계십니다)
~ていらっしゃる時　(~<하>고 계실 때)
~ていらっしゃれば　(~<하>고 계시면)

작 문 　다음 문장을 일본어로 바꾸시오

정답 p.289

1. 선생님은 지금 무엇을 하고 계십니까?

　⇨

2. 울고 계시는 어머님이 가엾습니다.

　⇨

3. 그의 어머님이 울고 계시면 나도 울고 싶어집니다.

　⇨

4. 그 분은 자기 방에서 울고 계신다.

　⇨

人類(じんるい)の智慧(ちえ)－諺(ことわざ)(인류의 지혜－속담)

昨日(きのう)の花(はな)は明日(あした)の塵(ちり)(오늘의 꽃은 내일의 먼지)

사람의 번영은 길지 않고 덧없다는 뜻. 꽃의 생명이 길지 않듯이 사람의 번영과 영화도 짧은 것이다.

10 ～てある

타동사의 연용형 + てある (~<해>져 있다)

무엇인가가 되어져 있는 상태를 나타내는 표현이다.

その時、あの鉄門はすでに開けてありました。 그때 그 철문은 이미 열려 있었습니다.
ここに書いてあるのはだれの字ですか。 여기에 쓰여 있는 것은 누구의 글씨입니까?
教室の窓が閉めてありますね。 교실의 창문이 닫혀 있군요.

한자읽기

鉄門(てつもん)　開(あ)ける　窓(まど)　閉(し)める

어휘

～てある : ~<해>져 있다	鉄門(てつもん) : 철문
すでに : 이미, 벌써, 이제는	開(あ)ける : 열다
窓(まど) : 창, 창문	閉(し)める : 닫다

주요문법

「～てある」 앞에는 타동사만 올 수 있는데, 이는 무엇인가가 되어져 있는 상태를 말할 때 쓰이는 말이다. 그런데, 이 상태는 자연히 되어져 있는 상태가 아니라, 누군가가 했기 때문에 그렇게 되어 있는 상태이다. 이를테면 「開けてある」는 「(누군가가 열었기 때문에) 열려 있다」이고, 「書いてある」는 「(누군가가 썼기 때문에) 쓰여 있다」이다.

작문 다음 문장을 일본어로 바꾸시오

정답 p.289

1. 유리창이 깨끗하게 닦여 있습니다.

⇨

2. 차는 거기에 세워져 있었습니다.

⇨

3. 여기에 놓여 있는 시계는 누구의 것입니까?

⇨

☆ 拭(ふ)く : 닦다, 훔치다　　置(お)く : 놓다, 두다

人類(じんるい)の智慧(ちえ)－諺(ことわざ)(인류의 지혜－속담)

釘(くぎ)の曲(ま)がりは金槌(かなづち)で直(なお)せ(휜 못은 쇠망치로 편다)

나쁜 버릇은 엄한 방법으로 고치라고 하는 뜻.
또는 강한 것에는 강한 방법으로 대응하라는 뜻.

11 ~てくださる

동사의 연용형 + てくださる (~<해> 주시다)

받는 쪽, 또는 제삼자의 입장에서 주는 쪽을 높여 하는 표현이다.

この手紙を読んでください。 이 편지를 읽어 주세요.

この蜜柑を食べてみてくださいませんか。 이 귤을 먹어 봐 주시지 않겠습니까?

これは先生がいつも見てくださっている**私の絵です。**

이것은 선생님께서 항상 봐 주시고 있는 제 그림입니다.

한자읽기

蜜柑(みかん)

어휘 ~てくださる : ~<해> 주시다 蜜柑(みかん) : 귤

주요문법

「~てくださる」는 다음과 같이 특수한 활용을 한다.

~てくださらない (~<해> 주시지 않는다)
~てくださいます (~<해> 주십니다)
~てくださる時 (~<해> 주실 때)
~てくだされば (~<해> 주시면)
~てください (~<해> 주십시요)

「~てくださる」(~<해> 주시다)의 반말은 「~てくれる」(~<해> 주다)이다.

彼が昨日来てくれました。 (그가 어제 와 주었습니다.)
手紙は彼女が書いてくれるでしょう。 (편지는 그녀가 써 주겠지요.)

「~てくれる」는 하일단 활용동사의 활용을 한다.

来てくれない　　　(와 주지 않는다)
来てくれます　　　(와 줍니다)
来てくれる時　　　(와 줄 때)
来てくれれば　　　(와 주면)
来てくれ。　　　　(와 줘라) ※특수한 활용임
来てくれよう　　　(와 주자)

「~てください」(~<해> 주세요)의 부정형은 「~ないでください」(~<하>지 말아 주세요)이다.

来ないでください。　(오지 말아 주세요.)
書かないでください。　(쓰지 말아 주세요.)

「~ないで」는 「~<하>지 말고」 「~<하>지 말아」라는 부정의 말을 만든다.

行かないで、ここにいてください。　(가지 말고 여기에 있어 주세요.)
行かないで。　(가지 말아<요>.)

작 문　다음 문장을 일본어로 바꾸시오

정답 p.289

1. 이것을 먹어 주세요.
⇨

2. 편지를 써 주시지 않겠습니까?
⇨

3. 일본어 문장을 선생님이 읽어 주셨습니다.
⇨

4. 어머님이 읽어 주시는 책.
⇨

5. 편지는 그녀가 읽어 주었습니다.
⇨

6. 가지 말아 주세요.
⇨

7. 울지 말고 웃어 주세요.
⇨

12 ~てあげる

동사의 연용형 + てあげる (~<해> 드리다)

화자가 자신을 낮춤으로써 상대방을 높이는 표현이다.

私は昨夜先生が論文を書くのを<u>手伝っ</u>てあげました。

나는 어젯밤 선생님이 논문을 쓰는 것을 도와 드렸습니다.

彼女のお母さんに<u>答え</u>てあげる**言葉を準備しています。**

그녀의 어머님께 대답해 드릴 말을 준비하고 있습니다.

私はあの方にその事実を<u>教え</u>てあげませんでした。

나는 그분에게 그 사실을 가르쳐 드리지 않았습니다.

한자읽기

手伝(てつだ)う	答(こた)える	準備(じゅんび)	事実(じじつ)	教(おし)える

어휘

~てあげる : ~<해> 드리다　　手伝(てつだ)う : 거들다, 도와주다

答(こた)える : 대답하다　　準備(じゅんび) : 준비

事実(じじつ) : 사실　　教(おし)える : 가르치다

주요문법

「~てあげる」(~<해> 드리다)의 반말은 「~てやる」(~<해> 주다)이다.

私は今朝弟のネクタイを<u>締め</u>てやりました。

(나는 오늘 아침 남동생의 넥타이를 매주었습니다.)

私は昨日妹の仕事を<u>手伝っ</u>てやりました。 (나는 어제 여동생의 일을 도와주었습니다.)

☆ 締(し)める : 매다, 졸라매다, 죄다

일본어에서는 자기의 가족 등, 자기가 속해 있는 사람을 다른 사람에게 말할 때 경어로 하지 않고 반말로 한다. 그러나, 이러한 경우 우리말로 번역할 때에는 우리의 언어 습관에 맞게 경어로 고쳐서 해야 한다.

작 문 다음 문장을 일본어로 바꾸시오

정답 p.290

1. 선생님이 책을 쓰는 것을 도와드립시다.

⇨

2. 그분에게 편지를 읽어 드렸습니다.

⇨

3. 여동생의 숙제를 해 주었습니다.

⇨

4. 나는 여동생의 일을 도와 주는 사람이 아닙니다.

⇨

13 ～ていただく

동사의 연용형 ＋ ていただく (～<해> 받다)

화자가 자신을 낮추어서 하는 표현이다.

誕生日のプレゼントに、杉さんに本を<u>買っ</u>ていただきました。

생일선물로 스기 상에게 책을 사 받았습니다(스기 상이 책을 사 주셨습니다).

この手紙を<u>読ん</u>でいただきたいです。

이 편지를 읽어 받고 싶습니다(읽어 주셨으면 합니다).

これは<u>弁償し</u>ていただきます。　이것은 변상해 받겠습니다(변상해 주세요).

한자읽기

誕生日(たんじょうび)　弁償(べんしょう)

어휘

～ていただく : ～<해> 받다　誕生日(たんじょうび) : 생일

プレゼント : 프레젠트(present), 선물　弁償(べんしょう) : 변상

주요문법

「～ていただく」는 직역을 하면 「～<해> 받다」라는 말이 되나, 자기보다 윗사람이 「～<해> 주시다」는 의미의 말이다.

이것의 반말로는 「～てもらう」(～<해> 받다)가 있다.

弟に本を<u>買っ</u>てもらった。(남동생에게 책을 사 받았다<남동생이 책을 사 주었다>.)

運転は彼に<u>し</u>てもらいました。(운전은 그에게 해 받았습니다<그가 해 주었습니다>.)

☆ 運転(うんてん) : 운전

작 문 다음 문장을 일본어로 바꾸시오

정답 p.290

1. 운전은 박 상이 해 주셨으면 합니다.
⇨
2. 숙제는 스기 상이 해 주셨습니다.
⇨
3. 내일 여기에 와 주었으면 한다.
⇨
4. 편지는 그녀가 읽어 주었습니다.
⇨

人類(じんるい)の智慧(ちえ)－諺(ことわざ)(인류의 지혜－속담)

黒犬(くろいぬ)に噛(か)まれて赤犬(あかいぬ)におじる(검은 개한테 물리고 붉은 개를 무서워 한다)

한 번 무엇한테 혼이 나면, 그 뒤로는
그와 비슷한 것조차도 무서워하게 된다는 뜻.

14 ~(さ)せていただく

동사의 미연형 + (さ)せていただく (<제가> ~하겠습니다)
명사 + させていただく (<제가> ~하겠습니다)

화자가 자신을 낮추어서 하는 표현이다.

今日は早引きさせていただきたいです。 오늘을 조퇴하고 싶은데요.
昨日は日本人を案内させていただきました。 어제는 일본인을 안내했습니다.
一杯だけ飲ませていただきます。 한 잔만 마시겠습니다.

한자읽기

早引(はやび)き　　案内(あんない)

어휘

~させていただく : <제가>~하겠습니다　　~せていただく : <제가>~하겠습니다
いただく : 머리에 이다, 「~もらう」(받다)의 겸양어
早引(はやび)き : 조퇴　　案内(あんない) : 안내

주요문법

「~(さ)せていただく」(<제가>~하겠습니다)의 반말은 「~(さ)せてもらう」(~하겠다)가 있다.

案内させてもらいたい。　(안내하고 싶다.)
一曲歌わせてもらいます。　(한 곡 부르겠소.)

☆ 一曲(いっきょく) : 한 곡

작 문　다음 문장을 일본어로 바꾸시오

정답 p.290

1. 선생님을 안내하고 싶습니다.

⇨

2. 오후는 (제가) 운전하겠습니다.

⇨

3. 한 잔 하겠다<마시겠다>.

⇨

4. 편지를 쓰겠소.

⇨

人類(じんるい)の智慧(ちえ)－諺(ことわざ)(인류의 지혜－속담)

言(げん)は身(み)の文(あや)(말은 몸의 무늬)

말에 의해 그 사람의 품성을 아는 것이므로,
말은 신중하게 하여야 한다는 뜻.

15 ~て(も)いい

동사의 연용형 + て(も)いい (~<해>도 좋다<된다>)

허락의 뜻을 나타내는 표현이다.

明日は会社を休んでもいいですか。 내일은 회사를 쉬어도 됩니까?

今日は日本の料理を食べていいです。 오늘은 일본요리를 먹어도 좋습니다.

椅子をあそこに運んでいいですか。 의자를 저기로 옮겨도 좋습니까?

한자읽기

休(やす)む　　運(はこ)ぶ　　椅子(いす)

어휘

~ていい : ~<해>도 좋다, ~<해>도 된다　　~てもいい : ~<해>도 좋다, ~<해>도 된다

~ても : ~<해>도　　椅子(いす) : 의자

休(やす)む : 쉬다　　運(はこ)ぶ : 나르다, 옮기다

주요문법

「~<해>도 좋겠지<되겠지>」는 「~て<も>いかろう」가 아니라 「~て<も>よかろう」이다. 「いい」(좋다)는 종지형과 연체형밖에 없다. 그러므로 「いい」(좋다)의 활용은 이와 같은 의미의 「よい」(좋다)로 바꾸어 하는 수밖에 없다.

よい	(좋다)	よかろう	(좋겠지)
よかった	(좋았다)	よく	(좋게, 잘)
よくない	(좋지 않다)	よければ	(좋으면)

明日は休んでよかろう。　　(내일은 쉬어도 되겠지.)

これは食べてもよかろう。　　(이것은 먹어도 되겠지.)

「~て(も)いい」(~<해>도 좋다<된다>)의 부정형은 「~なくて(も)いい」(~<하>지 않아도 좋다 <된다>)이다.

明日は南原へ行かなくていい。　　(내일은 남원에 가지 않아도 된다.)

いやなら食べなくてもいいです。　　(싫으면 먹지 않아도 됩니다.)

☆ ~なくて : ~<하>지 않아도　　~なくても : ~<하>지 않아도

형용사의 경우는 다음과 같다.

寒くてもいいです。　　(추워도 좋습니다.)

鈍くてもいいです。　　(느려도 좋습니다.)

美しくなくてもいいです。　　(아름답지 않아도 좋습니다.)

涼しくなくてもいいです。　　(시원하지 않아도 좋습니다.)

☆ 鈍(にぶ)い : 무디다, 둔하다, 굼뜨다　　涼(すず)しい : 시원하다

작 문　다음 문장을 일본어로 바꾸시오

정답 p.290

1. 이 사과를 먹어도 됩니까?

⇨

2. 오후는 놀아도 좋습니다.

⇨

3. 내일은 여기에 오지 않아도 됩니까?

⇨

4. 더워도 좋습니까?

⇨

5. 뜨겁지 않아도 됩니다.

⇨

☆ 熱(あつ)い : 뜨겁다

16 ~ても かまいません

동사의 연용형 + てもかまいません (~<해>도 상관없습니다)
형용사의 어간 + くてもかまいません (~<워>도 상관없습니다)
형용동사의 어간 + でもかまいません (~<해>도 상관없습니다)

구애받지 않는다는 뜻을 나타내는 표현이다.

ここでは大きな声を出してもかまいません。 여기에서는 큰소리를 내도 상관없습니다.
夜は外に出てもかまいませんか。 밤에는 밖에 나가도 상관없습니까?
今日は休んでもかまいません。 오늘은 쉬어도 상관없습니다.
部屋が寒くてもかまいません。 방이 추워도 상관없습니다.
不安でもかまいませんか。 불안해도 상관없습니까?

한자읽기

大(おお)きな　出(だ)す　出(で)る　不安(ふあん)

어휘

~てもかまいません : ~(해)도 상관없습니다.
大(おお)きな : 큰, 커다란
出(で)る : 나가다, 나오다
構(かま)う : 상관하다, 개의하다, 마음쓰다
出(だ)す : 꺼내다, 내놓다, 제출하다
不安(ふあん) : 불안

주요문법

「~てもかまいません」(~<해>도 상관없습니다)는 「~て<も>いいです」(~<해>도 좋습니다<됩니다>)와 의미상에 있어서 별 차이가 없다.

명사・형용동사・형용사를 넣어서 「~도 상관없습니다」라는 문장을 만들려면 다음과 같이 한다.

私のような者でもかまいませんか。　(저 같은 사람이라도 상관없습니까?)
交通は不便でもかまいません。　(교통은 불편해도 좋습니다.)

暑くてもかまいません。 (더워도 상관없습니다.)

☆ 者(もの) : 자, 사람

작 문 다음 문장을 일본어로 바꾸시오 정답 p.290

1. 여기에서 놀아도 상관없습니까?

⇨

2. 이 영화는 어린이가 봐도 상관없습니다.

⇨

3. 이 영화는 어린이라도 상관없습니다.

⇨

4. 작업이 위험해도 상관없습니다.

⇨

5. 그것은 짧아도 상관없습니다.

⇨

17 ~ては いけません

동사의 연용형 + てはいけません (~<해>서는 안됩니다)
형용사의 어간 + くてはいけません。(~<워>서는 안됩니다)
형용동사의 어간 + ではいけません。(~<해>서는 안됩니다)

금지나 중지시키는 뜻을 나타내는 표현이다.

青少年はヌード写真を見てはいけません。 청소년은 누드 사진을 보면 안됩니다.
夜遅くまで無理して勉強してはいけません。 밤 늦게까지 무리하여 공부해서는 안됩니다.
これからは遅刻してはいけません。 이제부터는 지각해서는 안됩니다.
部屋が寒くてはいけません。 방이 추워서는 안됩니다.
不安ではいけません。 불안해서는 안됩니다.

한자읽기

青少年(せいしょうねん)　写真(しゃしん)　夜(よる)　遅刻(ちこく)

어휘

~てはいけません : ~<해>서는 안됩니다
いけない : 바람직하지 않다, 좋지 않다, 나쁘다
青少年(せいしょうねん) : 청소년　　ヌード : 누드(nude)
写真(しゃしん) : 사진　　夜(よる) : 밤
遅刻(ちこく) : 지각

주요문법

「~<하>지 않으면 안됩니다」라는 의미의 말로는 다음과 같은 것이 있다.

~なくてはなりません
~なくてはいけません
~なくちゃなりません　　~<하>지 않으면 안됩니다

~なくちゃいけません
~なければなりません
~なければいけません

⇨ 行かなくてはなりません
行かなくてはいけません
行かなくちゃなりません
行かなくちゃいけません
行かなければなりません
行かなければいけません

가지 않으면 안됩니다

작 문 다음 문장을 일본어로 바꾸시오 정답 p.290

1. 그것을 먹어서는 안됩니다.
⇨
2. 그렇게 울어서는 안됩니다.
⇨
3. 거기에 가서는 안됩니다.
⇨

18 ~てしまう

동사의 연용형 + てしまう (~<해>버리다 · ~<하>고 말다)

의사와는 관계없이 그렇게 되어 유감이라는 뜻을 나타내는 표현이다.

彼女は田中さんの悲しい運命を聞いて泣いてしまいました。
그녀는 다나카 상의 슬픈 운명을 듣고 울어버렸습니다.

あの人の親は去年離婚してしまいました。 그 사람의 부모는 작년에 이혼하고 말았습니다.

彼は今度の試験も失敗してしまいました。 그는 이번 시험도 실패하고 말았습니다.

한자읽기

運命(うんめい)　離婚(りこん)

어휘

~てしまう : ~<해> 버리다　　しまう : 끝나다, 끝내다

運命(うんめい) : 운명　　離婚(りこん) : 이혼

작 문　다음 문장을 일본어로 바꾸시오

정답 p.290

1. 그 사과는 그녀가 먹어버렸습니다.
   ⇨
2. 그녀는 어젯밤 가 버렸습니다.
   ⇨
3. 나는 어제 그것도 사버렸습니다.
   ⇨

19 ~でしようがない

형용사・동사의 연용형, 형용동사의 어간 + て(で)しようがない
(~<해>서 못견디겠다)

어찌할 도리가 없다고 하는 의미를 나타내는 표현이다.

昨夜徹夜したので眠くてしようがない。 어젯밤 철야를 했기 때문에 졸려 죽겠다.

今夜は寒くてしようがありません。 오늘밤은 추워서 못견디겠습니다.

今まで妹が帰らないので不安でしようがない。

지금까지 여동생이 안 돌아와서 불안하여 못견디겠다.

朝ご飯を食べなかったからおなかが空いてしようがない。

아침밥을 안 먹었더니 배가 고파 죽겠다.

한자읽기

徹夜(てつや)　眠(ねむ)い　ご飯(はん)　空(す)く

어휘

~てしようがない : ~<해>서 못견디겠다, ~<해>서 죽겠다

~ので : ~ 때문에, ~테니까

仕様(しよう) : 방법, 하는 수, 도리

仕様(しよう)がない : 어쩔 도리가 없다, 하는 수 없다

徹夜(てつや) : 철야

眠(ねむ)い : 졸리다, 졸음이 오다, 자고 싶다

ご飯(はん) : 밥

おなか : 배

空(す)く : 비다, 안의 것이 줄다, (배가) 고프다

주요문법

「~てしようがない」 대신 「~てしかたがない」라고 해도 같은 의미의 말이 된다.

眠くてしかたがない。　　(졸려 죽겠다)

寒くてしかたがない。　　　　(추워서 못 견디겠다.)

おなかが空いてしかたがない。(배가 고파서 죽겠다.)

☆ 仕方(しかた) : 하는 방법, 수단

「~ので」와 「~から」는 둘 다 「~테니까」라는 말이나 「~ので」가 더 정중한 느낌이 드는 표현이다. 이 두 표현은 물론 서로 바꾸어 쓸 수 있으며, 용법은 다음과 같다.

明日行くので(から)待っていてください。　(내일 갈테니까 기다리고 있어 주세요.)

友達が死んだので(から)悲しいです。　(친구가 죽었기 때문에 슬픕니다.)

寒いので(から)早く帰ります。　(추우니까 일찍 돌아가겠습니다.)

寒かったので(から)早く帰りました。　(추워서 일찍 돌아왔습니다.)

静かなので(だから)勉強しています。　(조용하므로 공부하고 있습니다.)

静かだったので(から)勉強しました。　(조용했으므로 공부했습니다.)

작 문　다음 문장을 일본어로 바꾸시오

정답 p.290

1. 먹고 싶어 못 견디겠다.

⇨

2. 그는 언제나 밤늦게 돌아와서 못견디겠다.

⇨

3. 이 방은 불편하여 죽겠다.

⇨

4. 너무 추워 죽겠다.

⇨

~てばかりいる

동사의 연용형 + てばかりいる (~<하>고만 있다)

한정을 나타내어 뜻을 강화하는 표현이다.

泣いてばかりいないで話してください。 울고만 있지 말고 이야기해 주세요.

この村の子供達は勉強をしないで遊んでばかりいる。

이 마을 어린이들은 공부를 하지 않고 놀고만 있다.

看護婦達は注射を打たないで座ってばかりいます。

간호사들은 주사를 놓지 않고 앉아만 있습니다.

한자읽기

遊(あそ)ぶ　　看護婦(かんごふ)　　注射(ちゅうしゃ)　　打(う)つ

어휘

~てばかりいる : ~<하>고만 있다
ばかり : 정도, 쯤, ~뿐, ~만
看護婦(かんごふ) : 간호사
打(う)つ : 치다, 때리다, (주사 등을) 놓다
~ないで : ~<하>지 않고<말아>
遊(あそ)ぶ : 놀다
注射(ちゅうしゃ) : 주사

작 문 다음 문장을 일본어로 바꾸시오 정답 p.290

1. 읽지 않고 쓰고만 있다.

⇨

2. 서 있지만(서고만 있지) 말고 앉아 주세요.

⇨

3. 여기에 놀고만 있는 어린이가 두 명 있습니다.

⇨

21 ~てみせる

동사의 연용형 + てみせる (~<해>보이다, ~<하>고 말다)

남에게 보여 준다고 하는 표현(A)과, 남이 보란 듯이 하고 말겠다고 하는 의미의 표현(B)이다.

A

金君は自慢でもするように日本語の本を読んでみせた。

김군은 자랑이라도 하듯 일본어 책을 읽어 보였다.

彼女は彼から贈り物を貰って嬉しそうに笑ってみせました。

그녀는 그로부터 선물을 받고 기쁜듯이 웃어 보였습니다.

B

今度の試験には失敗しましたが、次の試験ではきっと百点を取ってみせます。

이번 시험에는 실패했지만, 다음 시험에서는 꼭 100점을 받고 말겠습니다.

あなたが他の女と結婚したら死んでみせる。 당신이 다른 여자와 결혼하면 죽고 말겠다.

한자읽기

自慢(じまん)　贈り物(おくもの)　点(てん)　他(ほか)　貰う(もら)　嬉しい(うれ)

어휘

~てみせる： ~<해> 보이다, ~<하>고 말다

見(み)せる：보이다

贈(おく)り物(もの)：선물

貰(もら)う：받다, 얻다

他(ほか)：다른 곳, 다른 데

自慢(じまん)：자랑

点(てん)：점

嬉(うれ)しい：기쁘다, 반갑다

他(ほか)の：다른

작 문 다음 문장을 일본어로 바꾸시오

정답 p.290

1. 그는 자기의 연인에게 울어 보였다.

   ⇨

2. 관객에게 연기해 보이는 배우들.

   ⇨

3. 이번 시합에서는 꼭 성공하고 말겠다.

   ⇨

4. 올해에는 그녀와 반드시 결혼하고 말겠습니다.

   ⇨

☆ 観客(かんきゃく) : 관객　演技(えんぎ) : 연기　俳優(はいゆう) : 배우

~てたまりません

형용사의 어간 + てたまらない (~워서 못견디겠다)
형용동사의 어간 + でたまらない (~<해>서 못견디겠다)
동사의 연용형 + てたまらない (~<해>서 못견디겠다)

참을 수가 없다고 하는 의미를 나타내는 표현이다.

今晩は気温が氷点下三度まで下がったので、寒くてたまりません。
오늘밤은 기온이 영하 3도까지 내려갔으므로 추워서 못 견디겠습니다.

妹が今まで帰って来ないので、心配でたまらない。
여동생이 지금까지 돌아오지 않으므로 걱정이 되어서 못 견디겠다.

朝から何も食べていないので、おなかが空いてたまりません。
아침부터 아무 것도 먹지 않았으므로 배가 고파 못 견디겠습니다.

한자읽기

気温(きおん)　氷点下(ひょうてんか)　下(さ)がる　心配(しんぱい)

어휘

~てたまりません : ~<해>서 못견디겠다
堪(たま)らない : 견딜 수 없다, 참을 수 없다
気温(きおん) : 기온
氷点(ひょうてん) : 빙점
氷点下(ひょうてんか) : 영하
下(さ)がる : 내려가다
心配(しんぱい) : 걱정, 근심

작 문 다음 문장을 일본어로 바꾸시오

정답 p.290

1. 머리가 아파서 못 견디겠다.
⇨

2. 비가 많이 내려서 불안해 못 견디겠다.
⇨

3. 더워서 목이 말라 못 견디겠다.
⇨

☆ 喉(のど) : 목,　かわく : 마르다

～てから

동사의 연용형 + てから (～<하>고 나서)

무엇 무엇을 하고 난 다음에 무엇 무엇을 한다고 하는 의미를 나타내는 표현이다.

皆さん、お風呂に入ってからここに集ってください。
여러분, 목욕을 하고 나서 여기에 모여 주세요.

食事をしてから市役所に行きましょう。 식사를 하고 나서 시청에 갑시다.

私たちは昨日雨が止んでから山に登りました。
우리들은 어제 비가 그치고 나서 산에 올라갔습니다.

한자읽기

お風呂(ふろ)　入(はい)る　市役所(しやくしょ)　雨(あめ)　止(や)む　登(のぼ)る

어휘

～てから : ～<하>고 나서　　お風呂(ふろ) : 목욕, 목욕탕
お風呂(ふろ)に入(はい)る : 목욕하다, 욕실에 들어오다(들어가다)
入(はい)る : 들어가다, 들어오다　　雨(あめ) : 비
止(や)む : 그치다, 멎다　　登(のぼ)る : 오르다, 올라가다

주요문법

「～てから」(～<하>고 나서)와 비슷한 표현으로 「～て以来」(～<한> 이래)가 있다.

結婚して以来10年にもなりました。(결혼한 이래 10년이나 되었습니다.)

彼と別れて以来三年ぶりに会いました。(그와 헤어진 이래 3년만에 만났습니다.)

☆ 別(わか)れる : 헤어지다,　～ぶりに : ～만에

지금까지 「~て」(~<하>고)와 관련이 있는 문형을 공부했는데, 그 외에도 이와 관련이 있는 표현으로 다음과 같은 것들이 있다.

~てみる : ~<해>보다

キムチを生れて初めて食べてみました。(김치를 난생처음으로 먹어 보았습니다.)

~ていく : ~<해>가다

日本語の単語を毎日少しずつ覚えていきましょう。(일본어 단어를 매일 조금씩 외워 갑시다.)

~てくる : ~<해>오다

金さんはだんだんきれいになってきましたね。(김 상은 점점 예뻐져왔군요<예뻐지는군요>.)

~ておく : ~<해>두다

そのことは彼に話しておきました。(그 일은 그에게 말해 두었습니다.)

☆ 単語(たんご) : 단어　少(すこ)しずつ : 조금씩　生(う)まれて初(はじ)めて : 난생처음으로　~ずつ : ~씩

작 문　다음 문장을 일본어로 바꾸시오

정답 p.290

1. 영화를 보고 나서 이야기합시다.
   ⇨
2. 놀고 나서 공부해라.
   ⇨
3. 일본어 책을 읽어봅시다.
   ⇨
4. 일본어 책을 조금씩 읽어갑시다.
   ⇨
5. 점점 추워져 오고 있다.
   ⇨
6. 이것은 명화이니까 잘 보아 둡시다.
   ⇨

~なさい

동사의 연용형 + なさい (~<하>게, ~<해>라)

「~しろ」(해라)보다 부드러운 명령의 표현이다.

若い時に自分の進む道を開拓して行きなさい。 젊을 때에 자신이 갈 길을 개척해 가게.
いたずらばかりしていないで、はやく勉強しなさい。 장난만 하지 말고 빨리 공부해라.
この西瓜おいしいから食べなさい。 이 수박 맛있으니까 먹어라.

한자읽기

若(わか)い　開拓(かいたく)　西瓜(すいか)　進(すす)む

어휘

~なさい : ~<하>게, ~<해>라
開拓(かいたく) : 개척
進(すす)む : 나가다, 전진하다
おいしい : 맛있다
若(わか)い : 젊다, 어리다
悪戯(いたずら) : 장난
西瓜(すいか) : 수박

주요문법

「お~なさい」로 표현하면 「~<하>세요」라는 경어가 된다.

お休みなさい。(안녕히 주무세요.)
　※직역하면 「쉬세요.」
お帰りなさい。(안녕히 다녀오셨어요?)
　※직역하면 「돌아오세요.」

작 문 다음 문장을 일본어로 바꾸시오

정답 p.291

1. 빨리 여기에 오게.

   ⇨

2. 한 곡 노래하게.

   ⇨

3. 시험준비를 해라.

   ⇨

人類(じんるい)の智慧(ちえ)－諺(ことわざ)(인류의 지혜－속담)

蜘蛛(くも)の巣(す)で石(いし)を吊(つ)る(거미줄로 돌을 매단다)

불가능한 일이나 매우 위험한 일을 말함.

* 여기에서의 「蜘蛛(くも)の巣(す)(거미집)」는 거미줄(蜘蛛(くも)の網(あみ))을 말하는 것으로 일반적으로는 「巣(す)(집・둥지)」라 하지 않는다.

～し、

동사・형용사・형용동사・조동사 + し、(～<하>고,)
동사・형용사・형용동사・조동사의 과거형 + し、(～<했>고,)

어떠한 사항을 연결하거나(A), 또는 어떠한 사항의 원인이 되는 것 가운데에서 특히 하나만을 예로 하여 뽑아 말할 때(B) 쓰는 표현이다.

A

明日は試験もあるし、授業もあるので忙しいです。
내일은 시험도 있고 수업도 있어서 바쁩니다.

ここはうるさいし、交通も不便なのです。여기는 시끄럽고 교통도 불편합니다.

このアパートは静かだし、交通も便利です。이 아파트는 조용하고 교통도 편리합니다.

この時計は正確ですし、値段も手頃です。이 시계는 정확하고 값도 적당합니다.

B

年もとったし、あまり無理な仕事はしないほうがいいと思う。
나이도 들었고, 너무 무리한 일은 하지 않는 편이 좋다고 생각한다.

家も近いし、遊びに来てください。집도 가깝고 놀러오세요.

ここは静かだし、いい環境ですね。여기는 조용하고, 좋은 환경이군요.

昨日は試験もあったし、授業もあったので忙しかったです。
어제는 시험도 있었고, 수업도 있어서 바빴습니다.

そこはうるさかったし、交通も不便だったのです。
거기는 시끄러웠고, 교통도 불편했습니다.

そのアパートは静かだったし、交通も便利だったです。
그 아파트는 조용했고, 교통도 편리했습니다.

その時計は正確だったし、値段も手頃だったです。
그 시계는 정확했고, 값도 적당했습니다.

한자읽기

不便(ふべん)　便利(べんり)　正確(せいかく)　値段(ねだん)　手頃(てごろ)だ　環境(かんきょう)　無理(むり)

어휘

~し、 : ~<하>고

手頃(てごろ)だ : 알맞다, 적합하다

アパート : 아파트(apartment house)

環境(かんきょう) : 환경

작 문　다음 문장을 일본어로 바꾸시오

정답 p.291

1. 오늘은 비도 내리고 바람도 세다.

⇨

2. 어제는 추웠고 바람도 세었다.

⇨

3. 여기는 교통이 불편하고 시끄럽다.

⇨

4. 그도 왔고 그녀도 왔다.

⇨

~たがっている

동사의 연용형 + たがっている (~<하>고 싶어하고 있다.)

제삼자의 희망을 나타내는 표현이다.

加藤さんはあの事件を忘れたがっています。가토 상은 그 사건을 잊고 싶어하고 있습니다.

ここには名古屋へ行きたがっている**人もいます。**

여기에는 나고야에 가고 싶어하는 사람도 있습니다.

この小説を読みたがっている**人は多いです。** 이 소설을 읽고 싶어하는 사람은 많습니다.

한자읽기

加藤(かとう)　事件(じけん)　忘(わす)れる　名古屋(なごや)　小説(しょうせつ)

어휘

~たがる : ~<하>고 싶어하다

事件(じけん) : 사건

名古屋(なごや) : 나고야(지명)

加藤 (かとう) : 가토(일본인의 성씨의 하나)

忘(わす)れる : 잊다

小説(しょうせつ) : 소설

주요문법

「~たがる」는 1인칭과 2인칭에는 쓸 수 없고 3인칭에만 쓴다.

私はりんごを食べたがっている。 <×>

あなたはりんごを食べたがっている。 <×>

彼はりんごを食べたがっている(그는 사과를 먹고 싶어하고 있다.)。<○>

「~たがる」는 독립해서 쓰이는 경우는 별로 없고 거의 「~たがっている」의 형태로 쓰이며 「~<하>고 싶어하다」 라고 해석해도 좋을 경우도 있다.

작 문 다음 문장을 일본어로 바꾸시오

정답 p.291

1. 사과를 먹고 싶어하는 사람도 있습니까?

⇨

2. 그는 이 책을 읽고 싶어하고 있습니다.

⇨

3. 스기 상은 영어 공부를 하고 싶어합니다.

⇨

人類(じんるい)の智慧(ちえ)－ 諺(ことわざ)(인류의 지혜－속담)

乞食(こじき)も場所(ばしょ)(거지도 장소)

어떠한 일이라 할지라도 장소를 선택해서 하는 것이 중요하다는 뜻.

お~になる

お + 동사의 연용형 + になる (~<하>시다)

존경어를 만드는 표현이다.

林さんは今自分の作品をお読みになっています。

하야시 상은 지금 자기의 작품을 읽고 계십니다.

本田さんはお休みになる前何をしますか。 혼다 상은 주무시기 전에 무엇을 하십니까?

ビール一杯どうですか。お飲みになりますか。 맥주 한 잔 어떻습니까? 마시시겠습니까?

한자읽기

林(はやし)　本田(ほんだ)

어휘

お~になる : ~<하>시다　　林(はやし) : 숲, 수풀, 하야시(일본 성씨의 하나)

本田(ほんだ) : 혼다(일본 성씨의 하나)

ビール : 맥주(「麦酒」라 써 놓고 「ビール」라 읽기도 한다)

주요문법

「ご<お> + 한자어 + なさる」도 경어 「~<하>시다」를 만든다. 이 「なさる」는 동사의 활용을 하나, 「ます」에 연결될 때에는 「ご(お)~なさいます」가 된다.

だれとご相談なさいましたか。　(누구와 상의하셨습니까?)

金さんには杉さんがお電話なさったようです。(김 상에게는 스기 상이 전화하신 것 같습니다.)

金さんは大学院で文学をご研究なさっています。

(김 상은 대학원에서 문학을 공부하고 계십니다.)

☆ 相談(そうだん) : 상의　電話(でんわ) : 전화　なさる : 하시다　大学院(だいがくいん) : 대학원

「특수한 경어 + てください」(~<해>주세요)도 있다.

お休みに<u>なっ</u>てください。　(안녕히 주무세요.)

めしあ<u>がっ</u>てください。　(잡수어 주세요.)

ごらんに<u>なっ</u>てください。　(보아주세요.)

おめしに<u>なっ</u>てください。　(입어 주세요.)

☆ お休みになる: 쉬시다　めしあがる: 잡수시다　ごらんになる: 보시다　おめしになる: 입으시다

작 문　다음 문장을 일본어로 바꾸시오

정답 p.291

1. 모리 상은 지금 무엇을 쓰고 계십니까?

⇨

2. 선생님이 타실 차는 어느 것입니까?

⇨

3. 이 사과는 맛있으니까 잡수어 주세요.

⇨

お～する

お＋동사의 연용형＋する (<제가>~하다)

겸양어를 만드는 표현이다. (「~」 부분에 들어갈 동사가 나타내는 동작이, 그 동작이 미치는 상대방에게 강하게 관여할 경우에 쓰이는 경향이 있다.)

今度の報告書は私がお<u>**伝え**</u>します。 이번 보고서는 제가 전하겠습니다.

来週の発表会については先生に私がお<u>**話し**</u>します。

다음 주의 발표회에 대해서는 선생님께 제가 말씀드리겠습니다.

南さん、かばんをください。私がお<u>**持ち**</u>します。

미나미 상, 가방을 주세요. 제가 들겠습니다.

한자읽기

報告書(ほうこくしょ)　伝(つた)える　発表会(はっぴょうかい)　持(も)つ

어휘

お～する：<제가>～하다

報告書(ほうこくしょ)：보고서

発表会(はっぴょうかい)：발표회

鞄(かばん)：가방

持(も)つ：가지다, 들다

「する」(하다)의 겸양어는 「いたす」이므로, 「お～する」(<제가>～하다)보다 더 공손한 표현은 「お～いたす」이다.

私がお<u>伝え</u>いたします。 (제가 전하겠습니다.)

私がお<u>話し</u>いたします。 (제가 말씀드리겠습니다.)

私がお<u>持ち</u>いたします。 (제가 들겠습니다.)

작 문 다음 문장을 일본어로 바꾸시오

정답 p.291

1. 이번은 제가 읽겠습니다.

   ⇨

2. 제가 선생님께 전하겠습니다.

   ⇨

3. 저는 선생님의 가방을 들 때도 있습니다.

   ⇨

人類の智慧－諺(인류의 지혜－속담)

辛抱が大事(참는 것이 중요)

무슨 일이든 참을성 있게 끝까지 하는 것이 중요하다는 뜻.

29 お~ください

お + 동사의 연용형 + ください (~<해>주세요)

정중하게 요청하는 표현이다.

今お呼びしますので、少々お<u>待ち</u>ください。지금 부를테니까 잠시 기다려 주세요.

レポートは庶務の窓口にお<u>出し</u>くださいませんか。

레포트는 서무 창구에 제출해 주시지 않겠습니까?

加藤さんはここで私を一時間もお<u>待ち</u>くださいました。

가토 상은 여기에서 저를 한 시간이나 기다려 주셨습니다.

한자읽기

呼(よ)ぶ　少々(しょうしょう)　庶務(しょむ)　窓口(まどぐち)　待(ま)つ

어휘

お~ください : ~<해>주세요

ください : 주세요(くださる<주시다>의 명령형)

呼(よ)ぶ : 부르다

少々(しょうしょう) : 조금, 좀, 잠시

待(ま)つ : 기다리다

庶務(しょむ) : 서무

窓口(まどぐち) : 창구

작 문 다음 문장을 일본어로 바꾸시오 정답 p.291

1. 이 일본어 문장을 읽어 주세요.

⇨

2. 일본어로 편지를 써 주시지 않겠습니까?

⇨

3. 어젯밤은 박 상도 마셔 주셨습니다.

⇨

お~ですか

お(ご) + 동사의 연용형・명사 + ですか (~<하>십니까?)

정중한 말을 만드는 표현이다.

お母さんは何時にお**出掛け**でしたか。 어머님께서는 몇 시에 외출하셨습니까?

あなたはどちらの銀行にお**勤め**ですか。 당신은 어느 은행에 근무하십니까?

大学は何月にご**卒業**ですか。 대학은 몇 월에 졸업하십니까?

先生はどちらにお**住まい**ですか。 선생님은 어디에 사십니까?

한자읽기

何時(なんじ)　出掛(でか)ける　銀行(ぎんこう)　勤(つと)める　何月(なんがつ)　住(す)まい

어휘

お(ご)~ですか : ~<하>십니까?
何時(なんじ) : 몇시
出掛(でか)ける : 외출하다, 나가다
どちら : 어디, 어느 쪽, 어느 것, 누구
銀行(ぎんこう) : 은행
勤(つと)める : 근무하다
何月(なんがつ) : 몇 월
住(す)まう : 살다

작 문　다음 문장을 일본어로 바꾸시오

정답 p.291

1. 아버님은 언제 돌아오십니까?
⇨
2. 당신은 무엇을 쓰십니까?
⇨
3. 당신은 언제 입학하십니까?
⇨
4. 김 상은 몇 월에 결혼하십니까?
⇨

31 お～いただけますか

お + 동사의 연용형 + いただけますか (～<해>주시겠습니까?)

상대방에게 무엇인가를 예절바르게 부탁하는 말로, 자기를 낮추는 표현이다.

野村さん、あの秘密をお<u>教え</u>いただけますか。노무라 상, 그 비밀을 가르쳐 주시겠습니까?
私が日本に行くことをお<u>伝え</u>いただけますか。제가 일본에 가는 것을 전해 주시겠습니까?
今日の食事代をお<u>支払い</u>いただけますか。오늘의 식사대를 지불해 주시겠습니까?

한자읽기

野村(のむら)　秘密(ひみつ)　伝(つた)える　～代(だい)　支払(しはら)う

어휘 お～いただけますか：～<해>주시겠습니까?　いただける：받을 수 있다
(「いただく」<받다>의 가능동사인데, 가능동사에 대해서는 뒤에 자세히 공부할 것임.)

野村(のむら)：노무라(일본의 성씨)　秘密(ひみつ)：비밀
伝(つた)える：전하다　～代(だい)：～대
支払(しはら)う：지불하다

주요문법

「お + 동사의 연용형 + いただきたいのですが」(～<해>주셨으면 하는데요)라는 표현도 있다.

あの秘密をお<u>教え</u>いただきたいのですが。　(그 비밀을 가르쳐 주셨으면 하는데요.)
日本に行くことをお<u>伝え</u>いただきたいのですが。　(일본에 가는 것을 전해 주셨으면 하는데요.)
食事代をお<u>支払い</u>いただきたいのですが。　(식사대를 지불해 주셨으면 하는데요.)

작 문 다음 문장을 일본어로 바꾸시오 정답 p.291

1. 그 사람의 전화번호를 가르쳐 주시겠습니까?

⇨

2. 그 사실을 전해 주시겠습니까?

⇨

3. 이 시계를 사 주시겠습니까?

⇨

☆ 番号(ばんごう) : 번호　　求(もと)める : 사다, 구하다

人類(じんるい)の智慧(ちえ)－諺(ことわざ)(인류의 지혜－속담)

心内(こころうち)にあれば色外(いろそと)にあらわる(마음에 둔 것은 얼굴에 나타난다)

마음으로 아무리 은밀하게 생각하고 있는 일일지라도,

그리고 그것을 아무리 숨기려 할지라도 밖으로 드러난다고 하는 뜻.

~ことができる

동사의 연체형 + ことができる (~<할> 수<가> 있다)

가능의 뜻을 나타내는 표현이다.

あのぐらいの山なら子供も<u>登る</u>ことができます。

저 정도의 산이라면 어린이라도 올라갈 수 있습니다.

こんなにたくさんは到底<u>食べる</u>ことができません。

이렇게 많이는 도저히 먹을 수 없습니다.

彼は一番速く<u>走る</u>ことができました。 그는 가장 빨리 달릴 수가 있었습니다.

한자읽기

到底(とうてい)　一番(いちばん)　速(はや)い　走(はし)る

어휘

~ことができる : ~<할> 수<가> 있다
出来(でき)る : 만들어지다, 완성되다, 생기다, 할 수 있다, 잘하다
到底(とうてい) : 도저히
こんなに : 이렇게
一番(いちばん) : 가장, 제일
速(はや)い : 빠르다
走(はし)る : 달리다

주요문법

오단 활용동사를 「동사의 연체형 + ことができる」(~<할>수 있다)와 같은 의미의 말로 만들려면, 오단 활용동사의 어미를 「え」단의 글자로 바꾸고 그 뒤에 「る」를 붙이면 되는데, 이를 가능동사라 한다.

書く(쓰다) + ける → 書ける(쓸 수 있다) = <u>書く</u>ことができる(쓸 수 있다)

飲む(마시다) + める → 飲める(마실 수 있다) = 飲むことができる(마실 수 있다)

話す(이야기하다) + せる → 話せる(말할 수 있다) = 話すことができる(이야기 할 수가 있다)

그런데 「~을 할 수 있다」라는 일본어의 표현은 「~を + 가능동사」가 아니라 「~が + 가능동사」이다. 다시 말해서 가능동사의 바로 앞에는 조사 「を」가 올 수 없고 「が」 「は」 「も」 등만 올 수 있다.

あなたは漢字が書けますか。　(당신은 한자를 쓸 수 있습니까?)
あなたは漢字を書けますか。　(×)
あなたは漢字は書けますか。　(당신은 한자는 쓸 수 있습니까?)
あなたは漢字も書けますか。　(당신은 한자도 쓸 수 있습니까?)
私はビールが飲めます。　(나는 맥주를 마실 수 있습니다.)
彼は日本語が話せます。　(그는 일본어를 말할 수 있습니다.)

☆ 漢字(かんじ) : 한자

「명사 + ができる」(~이 생기다)라는 표현도 있다.

彼女は結婚して二年目に子供ができました。
(그녀는 결혼해서 2년째에 임신했습니다<아이가 생겼습니다>)

昨夜の雨で水たまりができました。(어젯밤의 비로 웅덩이가 생겼습니다.)

☆ 水(みず)たまり : 웅덩이

작 문　다음 문장을 일본어로 바꾸시오

정답 p.291

1. 금년 겨울방학에도 좋은 추억이 생겼습니다.
⇨

2. 그 사건으로 걱정스러운 일이 생겼습니다.
⇨

3. 그녀에게 연인이 생겼습니다.
⇨

~ことにする

동사의 연체형 + ことにする (~<하>기로 하다)

무엇인가 결정한 사항을 나타내는 표현이다.

私は明日から料理学校に<u>通う</u>ことにしました。

나는 내일부터 요리학원에 다니기로 했습니다.

私は杉先生がお書きになった参考書で<u>勉強する</u>ことにしました。

나는 스기 선생님이 쓰신 참고서로 공부하기로 했습니다.

私は明日展覧会に<u>行く</u>ことにした。 나는 내일 전람회에 가기로 했다.

한자읽기

学校(がっこう)	通(かよ)う	参考書(さんこうしょ)	展覧会(てんらんかい)

어휘

~ことにする : ~<하>기로 하다
学校(がっこう) : 학교, 학원
通(かよ)う : 다니다
参考書(さんこうしょ) : 참고서
展覧会(てんらんかい) : 전람회

작 문 다음 문장을 일본어로 바꾸시오

정답 p.291

1. 다음 주부터 작문 공부를 하기로 했습니다.

⇨

2. 내일은 집에서 쉬기로 했습니다.

⇨

3. 아버지의 생일선물로 넥타이를 사기로 했습니다.

⇨

~ことになっている

동사의 연체형 + ことになっている (~<하>기로 되어 있다)

결정된 사항의 상태를 나타내는 표현이다.

私は来年日本に<u>留学する</u>ことになっています。
나는 내년 일본에 유학하기로 되어 있습니다.

私の家では毎晩家族がいっしょにテレビを<u>見る</u>ことになっている。
우리 집에서는 매일 밤 가족이 같이 텔레비전을 보기로 되어 있다.

昼食は金さんといっしょに<u>食べる</u>ことになっています。
점심은 김 상과 같이 먹기로 되어 있습니다.

한자읽기

留学(りゅうがく)　家族(かぞく)　昼食(ちゅうしょく)

어휘

~ことになっている : ~<하>기로 되어 있다　留学(りゅうがく) : 유학
家族(かぞく) : 가족　昼食(ちゅうしょく) : 점심, 중식

작 문　다음 문장을 일본어로 바꾸시오

정답 p.291

1. 우리들은 내일 서울에 가기로 되어 있습니다.
⇨
2. 우리 집에서는 매일 아침 우유를 마시기로 되어 있습니다.
⇨
3. 그는 모레 여기에 오기로 되어 있습니다.
⇨

~に

동사의 연용형・명사＋に (~<하>러)

행동의 목적을 나타내는 표현이다.

英姫ちゃんは公園へ<u>遊び</u>に行きました。 영희 쨩은 공원에 놀러 갔습니다.

この図書館は静かですので、<u>勉強し</u>に来ています。 이 도서관은 조용하기 때문에 공부하러 와 있습니다.

いっしょに<u>食事</u>に行きませんか。 같이 식사하러 가지 않겠습니까?

林さんは長谷川さんといっしょに<u>映画</u>に行きました。 하야시 상은 하세가와 상과 같이 영화 보러 갔습니다.

한자읽기

公園(こうえん)　　長谷川(はせがわ)

어휘

~に : ~<하>러　　公園(こうえん) : 공원

長谷川(はせがわ) : 하세가와(일본 성씨의 하나)

~ちゃん : ~쨩(애칭으로 붙이는 접미사)

주요문법

조사 「~に」는 「~에」라는 의미로 많이 쓰이는데, 다음과 같은 경우도 있다.

「명사＋による」(~에 의하다, ~에 따르다)

<u>天気予報</u>によると明日は晴れるそうです。(일기예보에 의하면 내일은 개인다고 합니다.)

それは<u>人</u>によって違いますよ。(그건 사람에 따라 다르지요.)

「명사 + にしたがう」(~에 따르다)

あなたはお母さんのお言葉によくしたがいますか。(당신은 어머님의 말씀에 잘 따릅니까?)
運転手の指示にしたがってください。(운전수의 지시에 따라 주세요.)

「명사 + について」(~에 대하여)

昨日は論文について先生と話しました。(어제는 논문에 대하여 선생님과 이야기했습니다.)
私は人間の運命について研究する者です。(나는 인간의 운명에 대하여 연구하는 사람입니다.)

☆ 天気(てんき) : 날씨　予報(よほう) : 예보　晴(は)れる : 개이다　違(ちが)う : 다르다, 틀리다
言葉(ことば) : 말, 언어　従(したが)う : 따르다, 좇다　運転手(うんてんしゅ) : 운전수　指示(しじ) : 지시

작 문　다음 문장을 일본어로 바꾸시오

정답 p.291

1. 당신은 무엇을 하러 여기에 왔습니까?
⇨

2. 식사하러 가지 않겠습니까?
⇨

3. 그는 전쟁에 의해 가족과 헤어졌다.
⇨

4. 우리는 선생님의 말씀에 따랐습니다.
⇨

5. 그 사건에 대하여 이야기해 주세요.
⇨

~になる

명사 + になる (~이 되다)

도달점에 이름을 나타내는 표현이다.

いくら見たくても大人になるまでは我慢しなさい。
아무리 보고 싶어도 어른이 될 때까지는 참아요.

秋になったらもう一度会おう。가을이 되면 다시 한 번 만나자.

私たちはわが国がいい国になるように祈りました。
우리들은 우리 나라가 좋은 나라가 되도록 기도했습니다.

한자읽기

大人(おとな)　我慢(がまん)　~度(ど)　祈(いの)る

어휘

~になる : ~이 되다
大人(おとな) : 어른
わが : 나의, 우리의
我慢(がまん)する : 참다, 견디다
~度(ど) : ~번
祈(いの)る : 기도하다, 빌다

주요문법

「なる」(되다) 앞에는 조사「が」가 올 수 없다. 그러므로「~がなる」는 틀린 말이고,「~になる」(~이 되다)로 해야 한다.

人がなる。　(×)
人になる。　(사람이 되다.)

「~になる」(~이 되다)와 같은 의미의 표현으로「~となる」(~이 되다)가 있는데, 이는 어떻게

되었다고 하는 결과에 중점을 두는 듯한 느낌이다.

雲が雨となった。(구름이 비가 되었다.)
彼はこの国で最初の大統領となりました。(그는 이 나라에서 최초의 대통령이 되었습니다.)
彼は努力して学者となりました。(그는 노력하여 학자가 되었습니다.)

☆ 大統領 : 대통령　　努力 : 노력

작 문　다음 문장을 일본어로 바꾸시오

정답 p.291

1. 독서에 좋은 계절이 되었습니다.
   ⇨
2. 훌륭한 사람이 되어라.
   ⇨
3. 그는 자라서 군인이 되었다.
   ⇨

☆ 자라서 : 大きくなって

37 ～に乗る

명사 + に乗る (~을 타다)

탈 것에 오르는 것을 나타내는 표현이다.

明日の朝8時30分の船に乗ります。 내일 아침 8시 30분 배를 타겠습니다.
3番の乗り場で126番のバスに乗ってください。 3번 승차장에서 126번 버스를 타 주세요.
英姫ちゃん、昨日動物園で乗り物は何に乗ったの?
영희야, 어제 동물원에서 탈 것은 무엇을 탔니?

한자읽기

船(ふね)　～番(ばん)　乗(の)り物(もの)

어휘

～に乗(の)る : ～을 타다　乗(の)る : 타다
船(ふね) : 배　～番(ばん) : ～번
乗(の)り場(ば) : 승차장, 승선장, 탈 것을 타는 장소　乗(の)り物(もの) : 탈 것

주요문법

「乗る」(타다) 앞에는 조사 「を」(을・를)가 올 수 없다. 따라서 「～を乗る」는 틀린 말이고, 「～을 타다」라는 말은 「～に乗る」로 해야 한다.

電車に乗った。 (전차를 탔다.)
電車を乗った。 (×)

작 문 다음 문장을 일본어로 바꾸시오

정답 p.292

1. 당신은 무엇을 타고 서울에 왔습니까?

   ⇨

2. 비행기를 탔습니다.

   ⇨

3. 여기에서 배를 타는 사람은 하루에 몇 명이나 됩니까?

   ⇨

☆ 一日(いちにち) : 하루(1일) ~人(にん) : ~명

人類(じんるい)の智慧(ちえ)－諺(ことわざ)(인류의 지혜－속담)

姿(すがた)はつくりもの(자태는 가꾸는 것)

얼굴은 화장을 잘 하면 예뻐 보이고,
몸의 전체적인 모습도 옷입기에 따라 변한다는 뜻.

~に似る

명사 + に似る (~을 닮다)

전자가 후자와 닮았음을 나타내는 표현이다.

あなたはご両親のどちらに似ていますか。 당신은 양친의 어느쪽을 닮았습니까?

あなたはお母さんによく似ていますね。 당신은 어머님을 많이 닮았군요.

あの子はどうして自分の親に少しも似ていないんだろう。

저 애는 어째서 자기의 부모를 조금도 닮지 않은 것일까?

한자읽기

似(に)る

어휘 ~に似(に)る : ~을 닮다　　似(に)る : 닮다

주요문법

「닮다」라는 의미의 일본어는 「似る」이나, 이는 보통 「~ている」와 같이 써서 「似ている」<닮아 있다>로 표현한다. 그러니까 「어머니를 닮았다」고 하는 말은 「お母さんに似ている」가 되고 「어머니를 닮지 않았다」고 하는 말은 「お母さんに似ていない」가 된다.

작 문 다음 문장을 일본어로 바꾸시오 정답 p.292

1. 당신은 누구를 닮았습니까?

⇨

2. 그는 부모를 조금도 닮지 않았군요.

⇨

3. 이 산은 五峯山을 많이 닮았군요.

⇨

人類の智慧－ 諺(인류의 지혜－속담)

物は考えよう(무엇이든 생각하기 나름)

세상의 일은 어느 것이라도 생각하기 나름이라는 뜻.
나쁜 일이라 할지라도 최악의 경우를 생각하면 체념할 수 있는 것이다.
몸을 다쳤을 때에라도 죽지 않아 다행이라고 생각하면 마음이 가벼워진다.

~に会う

명사 + に会う (~을 만나다)

둘 또는 그 이상이 만나는 것을 나타내는 표현이다.

私は昨日東急ホテルのロビーで偶然田中さんに会いました。
나는 어제 도큐호텔 로비에서 우연히 다나카 상을 만났습니다.

彼は彼女に会う度にけんかをします。 그는 그녀를 만날 때마다 싸움을 합니다.

私は昨日も彼女に会いませんでした。 나는 어제도 그녀를 만나지 않았습니다.

한자읽기

東急(とうきゅう)　偶然(ぐうぜん)　度(たび)に

어휘

~に会(あ)う : ~을 만나다
東急(とうきゅう)ホテル : 도큐호텔
偶然(ぐうぜん) : 우연히
度(たび)に : ~때마다, ~적마다
けんか : 싸움

주요문법

「~に会う」 대신 「~と会う」라고 해도 의미는 크게 변하지 않는다.

私は昨日田中さんと会いました。 (나는 어제 다나카 상과 만났습니다.)

彼は彼女と会う度にけんかをします。 (그는 그녀와 만날 때마다 싸움을 합니다.)

작 문 다음 문장을 일본어로 바꾸시오

정답 p.292

1. 당신은 어제 왜 그녀를 만났습니까?

⇨

2. 나는 그녀를 만날 때가 가장 기쁩니다.

⇨

3. 당신은 내일도 박 상을 만나지 않겠습니까?

⇨

人類(じんるい)の智慧(ちえ)－諺(ことわざ)(인류의 지혜－속담)

両刃(もろは)の剣(つるぎ)(양날의 칼)

양날칼은 남을 상처입히지만 나 자신도 상처입힐 수 있고,
무척 편리하지만 위험하기도 하다는 뜻.

~にはどうしたらいいですか

동사의 종지형 ＋ にはどうしたらいいですか
(~<하>려면 어떻게 해야 됩니까?)

방법을 묻는 표현이다.

小包を船便で送るにはどうしたらいいですか。
소포를 선편으로 보내려면 어떻게 해야 됩니까?

彼に会うにはどうしたらいいですか。 그와 만나려면 어떻게 해야 됩니까?

書類を申し込むにはどうしたらいいですか。 서류를 신청하려면 어떻게 해야 됩니까?

한자읽기

小包(こづつみ)　船便(ふなびん)　送(おく)る　書類(しょるい)　申(もう)し込(こ)む

어휘

~にはどうしたらいいですか：~<하>려면 어떻게 해야 됩니까?

どうする：어떻게 하다	小包(こづつみ)：소포
船便(ふなびん)：선편	送(おく)る：(편지 등을) 보내다, 부치다
書類(しょるい)：서류	申(もう)し込(こ)む：신청하다

주요문법

「~にはどうしたらいいですか」의 「したら」 대신 「すれば」를 넣어 「~にはどうすればいいですか」로 해도 말의 의미는 크게 변하지 않으며, 「いいですか」 대신 「よろしいですか」를 넣어 「~にはどうしたら(すれば)よろしいですか」로 하면 「~にはどうしたら(すれば)いいですか」보다 훨씬 정중한 표현이 된다.

船便で送るにはどうすればいいですか。　(선편으로 보내려면 어떻게 해야 됩니까?)

船便で送るにはどうしたらよろしいでしょうか。　(선편으로 보내려면 어떻게 해야 좋을까요?)

작 문 다음 문장을 일본어로 바꾸시오 정답 p.292

1. 그녀를 만나려면 어떻게 해야 됩니까?

⇨

2. 유학을 가려면 어떻게 해야 됩니까?

⇨

3. 선생님이 되려면 어떻게 해야 됩니까?

⇨

人類(じんるい)の智慧(ちえ)－諺(ことわざ)(인류의 지혜－속담)

利口(りこう)ぶるのは馬鹿(ばか)のしるし(영리한 척 하는 것은 바보의 증거)

진짜로 영리한 사람은 영리한 척하지 않는다.
영리한 척하는 것은 어리석은 자라고 하는 증거이다.

~が好きだ

명사 + が好きだ (~을 좋아한다)

호감을 나타내는 표현이다.

私は<u>野球</u>が好きですので、昨日も見に行きました。
나는 야구를 좋아하므로 어제도 보러 갔습니다.

<u>彼女</u>がそんなに好きならプロポーズしてください。
그녀를 그렇게 좋아한다면 프로포즈 해 주세요.

わたしは<u>あなた</u>が大好きです。 나는 당신을 대단히 좋아합니다.

한자읽기

好(す)きだ	野球(やきゅう)	大好(だいす)きだ

어휘

~が好(すき)だ : ~을 좋아하다
野球(やきゅう) : 야구
好(す)きだ : 좋아하다
大好(だいす)きだ : 대단히 좋아하다

주요문법

우리말이 「~을 좋아하다」라고 해서 「~を好きだ」라고 해서는 안되고 「~が好きだ」라고 해야 한다. 「好きだ」 앞에 조사 「を」(을・를)는 올 수 없다. 그러나 「は」(은) 「も」(도) 등은 올 수 있다.

私はりんご<u>が</u>好きです。 (나는 사과를 좋아합니다.)
私はりんご<u>を</u>好きです。 (×)
私はりんご<u>は</u>好きです。 (나는 사과는 좋아합니다.)
私はりんご<u>も</u>好きです。 (나는 사과도 좋아합니다.)

작 문 다음 문장을 일본어로 바꾸시오

정답 p.292

1. 나는 당신을 좋아합니다.

   ⇨

2. 당신은 누구를 좋아합니까?

   ⇨

3. 사과를 대단히 좋아하는 사람은 누구입니까?

   ⇨

4. 나는 박 상을 좋아합니다.

   ⇨

5. 일본어도 좋아합니다.

   ⇨

42 ~が嫌いだ

명사 + が嫌いだ (~을 싫어하다)

꺼려함을 나타내는 표현이다.

私は小学校の時、国語が嫌いだったので勉強しませんでした。
나는 초등학교 때 국어를 싫어했으므로 공부하지 않았습니다.

私は納豆が嫌いですが、沢庵は好きです。나는 낫토를 싫어합니다만, 단무지는 좋아합니다.

私は彼が大嫌いですから、彼とは会いたくありません。
나는 그를 아주 싫어하니까, 그와는 만나고 싶지 않습니다.

한자읽기

小学校(しょうがっこう)　国語(こくご)　嫌(きら)いだ　納豆(なっとう)　沢庵(たくあん)　大嫌(だいきら)いだ

어휘

~が嫌(きら)いだ : ~을 싫어하다
嫌(きら)いだ : 싫어하다
小学校(しょうがっこう) : 초등학교
国語(こくご) : 국어
納豆(なっとう) : 낫토(일본식 청국장)
沢庵(たくあん) : 다꾸앙(단무지)
大嫌(だいきら)いだ : 대단히 싫어하다

주요문법

「好きだ」처럼 「嫌いだ」 앞에는 조사 「を」(을・를)가 올 수 없고 「が」가 와야 되며, 「は」(은) 「も」(도) 등도 올 수 있다.

私は納豆が嫌いです。　(나는 낫토를 싫어합니다.)
私は納豆を嫌いです。　(×)
私は納豆は嫌いです。　(나는 낫토는 싫어합니다.)

私は納豆<u>も</u>嫌いです。(나는 낫토도 싫어합니다.)

작 문 다음 문장을 일본어로 바꾸시오 정답 p.292

1. 당신은 왜 그를 싫어합니까?

⇨

2. 당신도 낫토는 싫어합니까?

⇨

3. 나는 낫토도 단무지도 싫어합니다.

⇨

☆ たくあん : 단무지

～が欲しい

명사 + が欲しい (～을 가지고 싶다, ～을 ～하고 싶다)

무엇인가 원하는 바(희망)를 나타내는 표현이다.

私はお茶が欲しいですけど、あなたは何が欲しいですか。

나는 차를 마시고 싶습니다만, 당신은 무엇을 마시고 싶습니까?

私は前からこのようなカメラが欲しかったです。

나는 전부터 이와 같은 카메라를 가지고 싶었습니다.

「金さん、何を食べますか。」「今は何も欲しくありません。」

「김 상, 무엇을 먹겠습니까?」「지금은 아무 것도 먹고 싶지 않습니다.」

한자읽기

お茶(ちゃ)　欲(ほ)しい

어휘

～が欲(ほ)しい : ～을 가지고 싶다, ～을 ～하고 싶다
欲(ほ)しい : 가지고 싶다, ～하고 싶다
お茶(ちゃ) : 차　　カメラ : 카메라(camera)

주요문법

「동사의 연용형 + てほしい」는 「～<해> 주었으면 한다」라고 하는, 조금 강압적인 느낌의 표현을 만든다.

ここでは静かにしてほしい。　(여기에서는 조용해 주었으면 한다.)
こっちに来てほしい。　(이쪽으로 와 주었으면 한다.)

「명사 + を + ほしがる」는 「～을 가지고 싶어한다」라고 하는, 제삼자가 원하는 바를 나타내는 표현을 만든다.

加納さんは新しい車をほしがっています。 (가노오 상은 새 차를 가지고 싶어하고 있습니다.)
彼は日本の小説をほしがっています。 (그는 일본 소설을 가지고 싶어하고 있습니다.)

「형용사・형용동사의 어간 + がる」는 그 어간의 뜻을 지닌 동사를 만든다.

ほしい → ほしがる (～<하>고 싶어하다)
寒い → 寒がる (추워하다)
寂しい → 寂しがる (외로워하다)
嫌だ → 嫌がる (싫어하다)
～たい → ～たがる (～<하>고 싶어하다)

☆ 寂(さび)しい : 쓸쓸하다, 외롭다, 적적하다

「～て欲しい」(～<해> 주었으면 한다)는 무척 강한 인상을 주는 표현이므로 자칫 결례를 범하기 쉬우니 세심한 주의를 요한다.

작 문 다음 문장을 일본어로 바꾸시오

정답 p.292

1. 당신은 무엇을 가지고 싶습니까?
⇨
2. 당신은 차를 마시고 싶지 않습니까?
⇨
3. 그는 장미꽃을 가지고 싶어하고 있다.
⇨
4. 그녀는 외로워하고 있다.
⇨

44 ~て欲しい

동사의 연용형 + て欲しい (~<해> 주었으면 한다)

강한 희망을 나타내는 표현이다.

あなたの信じている神様を<u>見せ</u>て欲しいです。당신이 믿고 있는 하나님을 보여줬으면 합니다.

今年の夏休みにはここへ遊びに<u>来</u>て欲しいです。

올 여름방학에는 여기에 놀러 와주었으면 합니다.

勉強の邪魔になるからラジオを<u>消し</u>て欲しいです。

공부의 방해가 되니까 라디오를 꺼주었으면 합니다.

한자읽기

信(しん)じる　神様(かみさま)　休(やす)み　邪魔(じゃま)　消(け)す

어휘

~て欲しい : ~<해> 주었으면 한다
神様(かみさま) : 하나님
邪魔(じゃま) : 방해, 장애
信(しん)じる : 믿다
休(やす)み : 방학, 휴가, 휴식, 휴식시간
消(け)す : 끄다, 지우다, 제거하다

작 문 다음 문장을 일본어로 바꾸시오

정답 p.292

1. 내일이 시험이니까 오늘밤은 놀지 말고 공부해 주었으면 한다.
⇨

2. 우리 집에 놀러 와 주었으면 한다.
⇨

3. 내 대신 당신이 선생님께 부탁해 주었으면 합니다.
⇨

☆ 代(か)わりに : 대신에　頼(たの)む : 부탁하다

~た

동사・형용사・형용동사의 연용형 + た + 명사 (~〈한〉 + 명사)

연체형의 과거를 만드는 표현이다.

昨夜見た光景に彼女はショックを受けて今寝ています。

어젯밤 본 광경에 그녀는 쇼크를 받아 지금 누워 있습니다.

金君は子犬と遊んだ経験を大事にしています。

김 군은 강아지와 놀았던 경험을 소중히 여기고 있습니다.

それはあのとても寒かった夜のことでした。 그것은 그 무척 추웠던 밤의 일이었습니다.

あの辛かった時を私は今も忘れられない。 그 괴로웠던 때를 나는 지금도 잊을 수 없다.

あんなにきれいだった彼女も結局年には勝てなかった。

그렇게 예뻤던 그녀도 결국 나이에는 이길 수 없었다.

不便だったものを捨てて、今は便利なものを使っている人々。

불편했던 것을 버리고 지금은 편리한 것을 쓰고 있는 사람들.

한자읽기

光景(こうけい)　受(う)ける　寝(ね)る　子犬(こいぬ)　経験(けいけん)　大事(だいじ)だ　辛(つら)い　忘(わす)れる　結局(けっきょく)　年(とし)　勝(か)つ　捨(す)てる

어휘

~た：~한(연체형의 과거)
ショック：쇼크(shock)
光景(こうけい)：광경
受(う)ける：받다
寝(ね)る：자다, 눕다
子犬(こいぬ)：강아지
経験(けいけん)：경험
大事(だいじ)だ：소중하다, 귀중하다
辛(つら)い：괴롭다, 고통스럽다
忘(わす)れる：잊다
勝(か)つ：이기다
結局(けっきょく)：결국
年(とし)：해, 년, 나이
勝(か)つ：이기다

작 문 다음 문장을 일본어로 바꾸시오

정답 p.292

1. 이것은 내가 읽은 책입니다.

⇨

2. 어제 먹은 사과는 맛있었다.

⇨

3. 그 차가웠던 그녀의 눈은 평생 잊을 수가 없다.

⇨

4. 그녀는 그의 매끈한 말에 속았던 것이다.

⇨

☆ 滑(なめ)らかだ : 매끄럽다　　騙(だま)す : 속이다

人類(じんるい)の智慧(ちえ)－諺(ことわざ)(인류의 지혜－속담)

笑(わら)いのうちに刀(かたな)を磨(と)ぐ(웃는 가운데 칼을 간다)

표면으로는 부드럽게 웃으면서 마음속으로는 적의를 품고 기회를 노린다는 뜻.

46 ～と

동사의 종지형 + と (～<하>자, ～<하>면)

무엇 무엇을 하자마자 바로라고 하는 뜻을 나타내는 표현(A)과 가정의 뜻을 나타내는 표현(B)이다.

A

昨夜の夢を<u>思い出している</u>と郷里の母から小包みが届いた。

어젯밤의 꿈을 생각하고 있자 고향의 어머니로부터 소포가 도착했다.

崖の上から<u>見下ろす</u>と下に大きな蛇がいた。

벼랑 위에서 내려다 보자 밑에 커다란 뱀이 있었다.

B

今学生会館へ<u>行く</u>と間違いなく彼に会う。 지금 학생회관에 가면 틀림없이 그를 만난다.

いっしょうけんめい<u>勉強しない</u>と、今度の試験にも失敗するからね。

열심히 공부하지 않으면 이번 시험에도 실패할테니까 말이야.

한자읽기

郷里(きょうり)　小包(こづつみ)　届(とど)く　崖(がけ)　見下(みお)ろす　蛇(へび)　間違(まちが)い　試験(しけん)　失敗(しっぱい)

어휘

～と : ～<하>자, ～<하>면
郷里(きょうり) : 향리, 고향
小包(こづつみ) : 소포
届(とど)く : 도착하다, 닿다
崖(がけ) : 절벽, 벼랑
見下(みお)ろす : 내려다보다, 굽어보다
蛇(へび) : 뱀
間違(まちが)いない : 틀림없다
試験(しけん) : 시험
失敗(しっぱい) : 실패

작 문 다음 문장을 일본어로 바꾸시오 정답 p.292

1. 나를 보자 그는 당황하여 도망갔다.

⇨

2. 버스를 타자 뜻밖에도 여동생이 있었다.

⇨

3. 바람이 세게 불면 나무가 쓰러진다.

⇨

4. 당신이 울면 나의 마음이 아프다.

⇨

☆ 慌(あわ)てる : 허둥지둥하다, 당황하다

人類(じんるい)の智慧(ちえ)－ 諺(ことわざ)(인류의 지혜－속담)

破鍋(われなべ)に綴(と)じ蓋(ぶた)(깨진 냄비에 제 뚜껑)

깨진 냄비라 할지라도 꼭 맞는 뚜껑이 있다는 뜻.
무엇이라도 잘 어울리는 것이 좋다.
그리고 어떤 사람에게라도 어울리는 배우자는 있다.
<헌 짚신도 짝이 있다>

47 ~たほうがいい

동사의 연용형 + たほうがいい (~<하>는 편이 좋다)

두 가지의 방법 중 한 쪽이 더 좋다는 의미의 표현이다.

食事をして<u>行っ</u>たほうがいいでしょう。식사를 하고 가는 편이 좋겠지요.

病気がそんなに重ければ<u>入院し</u>たほうがいいですよ。

병이 그렇게 심하면 입원하는 편이 좋겠어요.

健康に悪いから煙草は<u>止め</u>たほうがいいです。

건강에 해로우니까 담배는 끊는 편이 좋습니다.

한자읽기

病気(びょうき)　重(おも)い　入院(にゅういん)　健康(けんこう)　悪(わる)い　煙草(たばこ)　止(や)める

어휘

~たほうがいい : ~<하>는 편이 좋다
病気(びょうき) : 병, 질병
重(おも)い : 무겁다, 심하다
入院(にゅういん) : 입원
健康(けんこう) : 건강
悪(わる)い : 나쁘다
煙草(たばこ) : 담배
止(や)める : 끊다, 그만두다, 중지하다

작 문　다음 문장을 일본어로 바꾸시오

정답 p.292

1. 건강에 좋으니까 일찍 자는 편이 좋습니다.
   ⇨
2. 감기가 심하니까 약을 먹는 편이 좋습니다.
   ⇨
3. 오늘은 손님이 오니까 일찍 돌아오는 편이 좋다.
   ⇨

☆ 風邪(かぜ) : 감기

~ないほうがいい

동사의 미연형 + ないほうがいい (~<하>지 않는 편이 좋다)

두 가지 방법 중 그렇게 하지 않는 쪽이 더 좋다는 의미의 표현이다.

風邪を引いたら<u>外出し</u>ないほうがいいです。

감기가 들었으면 외출하지 않는 편이 좋습니다.

風邪の時には冷たいものを<u>食べ</u>ないほうがいいです。

감기(에 걸렸을) 때에는 찬 것을 먹지 않는 편이 좋습니다.

今日は先輩が怒っているから遊びに<u>行か</u>ないほうがいいよ。

오늘은 선배님이 화가 나 있으니까 놀러가지 않는 편이 좋아.

한자읽기

引(ひ)く	外出(がいしゅつ)	冷(つめ)たい	先輩(せんぱい)	怒(おこ)る

어휘

~ないほうがいい : ~<하>지 않는 편이 좋다

引(ひ)く : 끌어당기다, (감기에) 걸리다　　外出(がいしゅつ) : 외출

先輩(せんぱい) : 선배(님)　　怒(おこ)る : 화내다, 노하다

주요문법

「감기가 들다」는 「風邪が引く」가 아니라, 「風邪を引く」라고 말한다.

작 문 다음 문장을 일본어로 바꾸시오

정답 p.292

1. 그런 사람은 상대하지 않는 편이 좋다.

⇨

2. 그런 영화는 보지 않는 편이 좋다.

⇨

3. 지금은 놀지 않는 편이 좋다.

⇨

☆ 相手(あいて)にする : 상대하다

人類(じんるい)の智慧(ちえ)－諺(ことわざ)(인류의 지혜－속담)

健全(けんぜん)なる精神(せいしん)は健全(けんぜん)なる身体(しんたい)に宿(やど)る(건전한 정신은 건전한 신체에 깃든다)

몸이 튼튼하면 자연히 생각하는 것도 건전하고,
몸이 약하면 생각하는 것도 건전하지 못하다고 하는 뜻.

~から~まで

명사 + から + 명사 + まで (~에서~까지)

시간이나 장소 등의 말에 붙여 출발점과 종착점을 나타내는 표현이다.

あの集まりは少年少女から私のような年寄りまでが会員になっています。

그 모임은 소년 소녀로부터 나와 같은 늙은이까지가 회원으로 되어 있습니다.

ソウルから釜山までは何キロありますか。 서울에서 부산까지는 몇 킬로나 됩니까?

韓国の大学の夏休みは大体六月下旬から八月末までです。

한국 대학의 여름방학은 대체로 6월 하순부터 8월말까지입니다.

한자읽기

集(あつ)まり	少年(しょうねん)	少女(しょうじょ)	年寄(としよ)り	会員(かいいん)	下旬(げじゅん)	末(すえ)

어휘

~から~まで : ~부터~까지
集(あつ)まり : 모임, 회합
少年(しょうねん) : 소년
少女(しょうじょ) ; 소녀
年寄(としよ)り : 노인, 늙은이
会員(かいいん) : 회원
下旬(げじゅん) : 하순
末(すえ) : 말, 끝, 아래

주요문법

일본어에서는 「거리가 몇 킬로나 됩니까?」「길이가 얼마나 됩니까?」「무게가 얼마나 됩니까?」 등의 표현을 「~ありますか」로 하는 것이 보통이다.

ここからソウルまでは何キロありますか。 (여기에서 서울까지는 몇 킬로나 됩니까?)
ここから市役所まではどのぐらいありますか。 (여기에서 시청까지는 (거리가)얼마나 됩니까?)
彼の体重はどのぐらいありますか。 (그의 체중은 얼마나 됩니까?)

☆ 体重(たいじゅう) : 체중

작 문 다음 문장을 일본어로 바꾸시오 정답 p.293

1. 대전에서 서울까지의 버스 요금은 얼마입니까?

⇨

2. 3월부터 5월까지가 봄입니다.

⇨

3. 우리들은 오전 9시부터 오후 5시까지 학교에서 공부합니다.

⇨

☆ 料金(りょうきん) : 요금

人類(じんるい)の智慧(ちえ)－諺(ことわざ)(인류의 지혜－속담)

善悪(ぜんあく)は友(とも)を見(み)よ(선악은 친구를 봐라)

그 사람이 어떠한 사람인지 알려면 본인보다도 그가 사귀고 있는 친구의 언행을 보는 것이 좋다. 그러면 그 사람의 사람됨됨이를 한 눈으로 알 수 있기 때문이다.

~と~と~がある

명사＋と＋명사＋と＋명사＋がある
(~와 ~와 ~이 있다)

몇 개인가의 것을 모두 나열할 때 쓰는 표현이다.

ここに果物と雑誌と新聞と鋏があります。 여기에 과일과 잡지와 신문과 가위가 있습니다.
机と椅子と扇風機もあります。 책상과 의자와 선풍기도 있습니다.
しかし、電気スタンドと本箱はありません。 그러나 전기 스탠드와 책장은 없습니다.

한자읽기

果物(くだもの)　鋏(はさみ)　扇風機(せんぷうき)　本箱(ほんばこ)　電気(でんき)

어휘
~と~と~がある : ~와 ~와 ~이 있다
果物(くだもの) : 과일
鋏(はさみ) : 가위
扇風機(せんぷうき) : 선풍기
本箱(ほんばこ) : 책장
電気(でんき) : 전기
スタンド : 스탠드(stand)

주요문법

「~이랑 ~이랑 ~ 등이 있다」라는 표현으로는 「~や~や~などがある」를 쓴다.

果物や雑誌や新聞や鋏などがあります。 (과일이랑 잡지랑 신문이랑 가위 등이 있습니다.)
机や椅子や扇風機などもあります。 (책상이랑 의자랑 선풍기 등도 있습니다.)
電気スタンドや本箱などはありません。 (전기 스탠드랑 책장 등은 없습니다.)

작 문 다음 문장을 일본어로 바꾸시오

정답 p.293

1. 여기에 당신의 책과 신문이 있습니다.

⇨

2. 나의 가방과 구두와 안경은 없습니다.

⇨

3. 어젯밤 김 상이랑 박 상 등이 놀러 왔습니다.

⇨

4. 영어책이랑 국어책이랑 미술책 등은 어디에 있습니까?

⇨

☆ 靴(くつ) : 구두(신발의 총칭)　眼鏡(めがね) : 안경

人類(じんるい)の智慧(ちえ)－諺(ことわざ)(인류의 지혜－속담)

情(なさけ)が仇(あだ)(인정이 원수)

좋은 일을 한다고 한 것이 오히려 나쁜 결과를 낳는 경우가 있다.
세상에는 가끔 호의를 가지고 한 일이 반대의 결과를 초래하는 수도 있다.

51 ~やら~やら

명사 + やら + 명사 + やら (~이며~이며〈등〉)
동사 + やら + 동사 + やら
(~〈하〉기도 하고~〈하〉기도 하여)

몇 개인가의 사물이나 사항 등을 나열하여, 그 외에도 더 있다고 하는 느낌을 가지게 하는 표현이다.

薔薇の花やら桜の花やら、いっぱい咲いている。 장미꽃이며 벚꽃이며 많이 피어 있다.
金さんやら杉さんやらが遊びに来ています。 김 상이며 스기 상 등이 놀러와 있습니다.
打つやら蹴るやら、ひどいことをして一人の子供を苛めました。
때리기도 하고 차기도 하고, 심한 짓을 하여 한 어린이를 괴롭혔습니다.
食べるやら飲むやらで、もうおなかがいっぱいになりました。
먹기도 하고 마시기도 하여 이제 배가 부릅니다.

한자읽기

薔薇(ばら)　咲(さ)く　桜(さくら)　蹴(け)る　打(う)つ　苛(いじ)める

어휘

~やら~やら : ~이며 ~이며, ~<하>기도 하고 ~<하>기도 하여
薔薇(ばら) : 장미
桜(さくら) : 벚나무
咲(さ)く : 피다
打(う)つ : 때리다, 치다
蹴(け)る : 차다
苛(いじ)める : 괴롭히다, 못살게 굴다
おなかがいっぱいになる : 배가 부르다

작 문 다음 문장을 일본어로 바꾸시오 　　정답 p.293

1. 과일이며 과자며 많이 먹었습니다.
⇨

2. 일본인이며 미국인이며, 각국 사람들이 많이 모였습니다.

⇨

3. 읽기도 하고 쓰기도 하며, 열심히 공부하였다.

⇨

☆ お菓子(かし) : 과자　各国(かっこく) : 각국　大勢(おおぜい) : 많이(사람이 많다는 의미로만 씀)

人類(じんるい)の智慧(ちえ)－ 諺(ことわざ)(인류의 지혜－속담)

盗人(ぬすびと)が盗人に盗(ぬす)まる(도적이 도적한테 도적맞는다)

위에는 위가 있다고 하는 뜻. 뛰는 자 위에 나는 자.

~たり ~たりする

동사・형용사・형용동사의 연용형 + たり + 동사・형용사・형용동사의 연용형 + たりする (~<하>기도 하고~<하>기도 한다, ~<했>다~<했>다 한다)

여러 가지의 동작이나 상태 등을 나열하는 표현이다.

動物園の熊は檻の中を行ったり来たりしている。

동물원의 곰은 우리 안을 왔다 갔다 하고 있다.

彼は相手の人を殴ったり蹴ったりしました。

그는 상대방을 때리기도 하고 차기도 했습니다.

日本語の先生の試験問題は易しかったり難しかったりする。

일본어 선생님의 시험문제는 쉬웠다가 어려웠다가 한다.

寮の夕食の時間は早かったり遅かったりしていて困ります。

기숙사의 저녁 식사 시간은 빨랐다 늦었다 하여 곤란합니다.

この講義室は静かだったりそうでなかったりする。

이 강의실은 조용했다가 그렇지 않았다가 한다.

あの人は親切だったり親切でなかったりするから信用できない。

그 사람은 친절했다가 친절하지 않았다가 하니까 신용할 수 없다.

한자읽기

動物園(どうぶつえん)　熊(くま)　檻(おり)　相手(あいて)　殴(なぐ)る　易(やさ)しい
難(むずか)しい　寮(りょう)　夕食(ゆうしょく)　早(はや)い　困(こま)る　親切(しんせつ)だ　信用(しんよう)

어휘

~たり~たりする : ~<하>기도 하고 ~<하>기도 한다, ~<했>다 ~<했>다 한다

動物園(どうぶつえん) : 동물원　　熊(くま) : 곰

檻(おり) : 우리, 감방　　相手(あいて) : 상대

殴(なぐ)る : 때리다, 치다
難(むずか)しい : 어렵다
夕食(ゆうしょく) : 석식, 저녁 식사
困(こま)る : 곤란하다
信用(しんよう) : 신용
易(やさ)しい : 쉽다
寮(りょう) : 기숙사
早(はや)い : 이르다, 빠르다
親切(しんせつ)だ : 친절하다

주요문법

「명사 + だったり + 명사 + だったりする」는 「~였다 ~였다 한다」라는 문장을 만든다.

あの勉強会の場所はA講義室だったりB講義室だったりする。
(그 스터디 그룹의 장소는 A강의실이었다가 B강의실이었다가 한다.)

寮の夕食は6時30分だったり7時だったりする。
(기숙사의 저녁 식사는 6시 30분이었다가 7시였다가 한다.)

작 문 다음 문장을 일본어로 바꾸시오

정답 p.293

1. 그녀는 울었다 웃었다 하고 있습니다.
⇨
2. 나는 아침 식사로 밥을 먹기도 하고 빵을 먹기도 합니다.
⇨
3. 요즈음의 날씨는 추웠다 더웠다 한다.
⇨
4. 그의 판단은 정확했다 그렇지 않았다 합니다.
⇨
5. 그가 오는 시간은 10시였다 11시였다 합니다.
⇨

☆ ~に: ~<으>로(아침 식사로: 朝食に)　判断(はんだん) : 판단

～もすれば～もする

명사 + もすれば + 명사 + もする
(～도 하는가 하면 ～도 한다)

한 가지만 하는 것이 아니라 다른 것도 한다는 의미의 표현이다.

彼は毎週土曜の午後には散歩もすれば山登りもしています。

그는 매주 토요일 오후에는 산책도 하는가 하면 등산도 하고 있습니다.

こっちは今雨も降れば強い風も吹いていますが、そっちはどうですか。

여기는 지금 비도 내리는가 하면 강한 바람도 불고 있는데, 거기는 어떻습니까?

私達は昼食に洋食も食べれば和食も食べている。

우리들은 점심으로 양식도 먹는가 하면 일식도 먹고 있다.

한자읽기

散歩(さんぽ)　山登(やまのぼ)り　吹(ふ)く　洋食(ようしょく)　和食(わしょく)

어휘

～もすれば～もする：～도 하는가 하면 ～도 한다
山登(やまのぼ)り：등산, 산에 오름　散歩(さんぽ)：산책
洋食(ようしょく)：양식　吹(ふ)く：(바람이) 불다
和食(わしょく)：일식, 일본 음식

작 문 다음 문장을 일본어로 바꾸시오 정답 p.293

1. 그는 토요일마다 부산에도 가는가 하면 대전에도 간다.
⇨
2. 그는 다나카 상과 만나는가 하면 모리 상과도 교제한다.
⇨

3. 그는 시나리오도 쓰는가 하면 영화의 제작도 한다.

⇨

☆ 交際(こうさい) : 교제　　シナリオ : 시나리오(scenario)　　製作(せいさく) : 제작

人類(じんるい)の智慧(ちえ) – 諺(ことわざ) (인류의 지혜 – 속담)

盗人(ぬすびと)に糧(かて)(도적에게 양식)

도적에게 먹을 것을 주는 것처럼, 자기에게 해를 입히는 사람을 도와줌으로써 더 큰 피해를 당하게 된다는 뜻.

～と思えば～

동사의 의지형 + と思えば + 동사의 가능형
(～〈하〉려고 하면 ～〈할〉 수 있다)

무엇인가를 하려고 하는 의지만 있으면, 그것을 할 수 있다는 의미의 표현이다.

いくら複雑な問題でも解決しようと思えば解決することができます。
아무리 복잡한 문제라도 해결하려고 하면 해결할 수 있습니다.

邸宅でも買おうと思えば買えます。 저택이라도 사려고 하면 살 수 있습니다.

地球の果てにでも行こうと思えば行ける。 지구의 끝에라도 가려 하면 갈 수 있다.

한자읽기

複雑(ふくざつ)　解決(かいけつ)　邸宅(ていたく)　地球(ちきゅう)　果(は)て

어휘

～と思えば + 동사의 가능형 : ～<하>려고 하면 ～할 수 있다
複雑(ふくざつ) : 복잡　解決(かいけつ) : 해결
邸宅(ていたく) : 저택　地球(ちきゅう) : 지구
果(は)て : 끝, 한

작 문　다음 문장을 일본어로 바꾸시오

정답 p.293

1. 성공도 하려고 하면 할 수 있다.
⇨
2. 매일이라도 오려고 하면 올 수 있습니다.
⇨
3. 오늘밤이라도 그녀를 만나려면 만날 수 있습니다.
⇨

~ば~ほど

동사・형용사・형용동사의 가정형 + ば
+ 동사・형용사・형용동사의 연체형 + ほど
(~〈하〉면~〈할〉수록)

무엇인가를 하면 할수록 그에 대한 결과는 심해진다는 것을 나타내는 표현이다.

人間は遊べば遊ぶほど怠け者になる。 인간은 놀면 놀수록 게으름뱅이가 된다.

肉は食べれば食べるほど太るから、あまりたくさんは食べないようにしなさい。
고기는 먹으면 먹을수록 살이 찌니까 너무 많이 먹지 않도록 해라.

飛行機は速ければ速いほどいいのではないでしょうか。
비행기는 빠르면 빠를수록 좋은 게 아닐까요?

りんごは赤ければ赤いほどおいしい。 사과는 빨가면 빨갈수록 맛이 있다.

図書館は静かなら(ば)静かなほどいいですよ。 도서관은 조용하면 조용할수록 좋아요.

女性はきれいなら(ば)きれいなほど人気がある。 여성은 예쁘면 예쁠수록 인기가 있다.

한자읽기

怠(なま)け者(もの)　太(ふと)る　女性(じょせい)　人気(にんき)

어휘

~ば~ほど : ~<하>면 ~<할>수록　怠(なま)け者(もの) : 게으름뱅이
太(ふと)る : 살찌다　女性(じょせい) : 여성
人気(にんき) : 인기

작 문 다음 문장을 일본어로 바꾸시오　정답 p.293

1. 오르면 오를수록 산길은 험해졌다.
⇨

2. 공부는 하면 할수록 좋다.

⇨

3. 추우면 추울수록 외출을 하지 않게 된다.

⇨

4. 사람은 정직하면 정직할수록 신용할 수 있습니다.

⇨

☆ 山道(やまみち) : 산길　　険(けわ)しい : 험하다, 가파르다

人類(じんるい)の智慧(ちえ)－ 諺(ことわざ)(인류의 지혜－속담)

百里(ひゃくり)の道(みち)は九十里(くじゅうり)が半(なか)ば(백리길은 구십리가 절반)

백리의 절반은 오십리이지만 실제로 여행을 해보면 맨 나중의 길이 가장 힘들므로 구십리 정도가 힘이 든다는 면에서는 절반에 해당된다는 뜻. 그러므로 무슨 일을 하던지 그 일의 진척 90% 정도를 절반이라 생각하고 끝까지 긴장을 푸는 일 없이 노력하는 것이 중요하다.

～始める

동사의 연용형 + 始める (～<하>기 시작하다)

어떠한 동작의 시발점을 나타내는 표현이다.

彼らは漢字を習い始めて三個月になります。

그들은 한자를 배우기 시작하여 3개월이 됩니다.

子供は何歳ごろから言葉を使い始めるでしょうか。

어린이는 몇 살 무렵부터 말을 쓰기 시작할까요?

彼女は彼に会い始めてもう二年になりました。

그녀는 그를 만나기 시작하여 벌써 2년이 되었습니다.

한자읽기

漢字(かんじ)　習(なら)う　～個月(かげつ)

어휘

～始(はじ)める : ～<하>기 시작하다　漢字(かんじ) : 한자
～個月(かげつ) : 개월　習(なら)う : 배우다

주요문법

「～始める」(～<하>기 시작하다)와 거의 같은 의미의 말로 「～出す」(～<하>기 시작하다)가 있다. 그러나 이 문형은 극히 제한된 말에만 사용된다.

昨日の午後友達と出掛けましたが、急に雨が降り出しました。

(어제 오후에 친구와 외출했는데 갑자기 비가 내리기 시작했습니다.)

子供が急に泣き出した。 (어린이가 갑자기 울기 시작했다.)

☆ 出掛(でか)ける : 외출하다　～出(だ)す : ～<하>기 시작하다　急(きゅう)に : 갑자기

작 문 다음 문장을 일본어로 바꾸시오

정답 p.293

1. 그들은 험한 산길을 오르기 시작했습니다.

⇨

2. 그도 어제부터 일본어를 배우러 학원에 다니기 시작했습니다.

⇨

3. 여기는 갑자기 바람이 불기 시작하는 날도 있습니다.

⇨

人類(じんるい)の智慧(ちえ)－諺(ことわざ)(인류의 지혜－속담)

犬(いぬ)は三日(みっか)飼(か)えば三年恩(さんねんおん)を忘(わす)れぬ(개는 사흘 기르면 삼 년 은혜를 잊지 않는다)

개와 같은 짐승도 주인의 은혜를 오래 잊지 않으니까,
사람이 사람으로써 은혜를 몰라서는 안 된다는 뜻.

57 ~終わる

동사의 연용형 + 終わる (다~<하>다)

어떠한 동작의 종착점을 나타내는 표현이다.

作文を書き終わったら明日の授業の予習をしなさい。
작문을 다 쓰면 내일 수업의 예습을 해라.

りんごを食べ終わってから出発しましょう。 사과를 다 먹고 나서 출발합시다.

あの部屋は踊り終わったようで静かですわ。 저 방은 (춤을) 다 춘 듯 조용하군요.

한자읽기

作文(さくぶん)　予習(よしゅう)　出発(しゅっぱつ)　踊(おど)る

어휘

~終(おわ)る : 다~<하>다　　作文(さくぶん) : 작문
予習(よしゅう) : 예습　　出発(しゅっぱつ) : 출발
踊(おど)る : 춤추다

작 문 다음 문장을 일본어로 바꾸시오 정답 p.293

1. 책은 다 읽었습니까?
⇨
2. 다 놀았으면 돌아가거라.
⇨
3. 다 마셨으면 노래합시다.
⇨

～かわかる

동사・형용사・형용동사의 종지형 + かわかる
(～<하>는지 알다)

어떠한 사항에 대해 이해한다고 하는 의미의 표현이다.

彼がどんな方法で指導力を発揮しているかわかりますか。
그가 어떠한 방법으로 지도력을 발휘하고 있는지 압니까?
私も彼女がなぜ花嫁修業をしているかわかっています。
나도 그녀가 왜 신부수업을 하고 있는지 알고 있습니다.
今、外はどのぐらい寒いかわかりますか。 지금 밖은 어느 정도 추운지 압니까?
私は新幹線がどのぐらい速いかわかっています。 나는 신칸센이 어느 정도 빠른지 압니다.
どうしてこれがあれより安全だかわかりますか。 어째서 이것이 저것보다 안전한지 압니까?
あそこは今も先のように静かだかどうかわかりません。
거기는 지금도 아까처럼 조용한지 어떤지 모르겠습니다.

한자읽기

～力(りょく)　花嫁(はなよめ)　修業(しゅうぎょう)　新幹線(しんかんせん)　先(さき)

어휘

わかる：알다
～かわかる：～<하>는지 알다
発揮(はっき)：발휘
修業(しゅうぎょう)：수업
どうして：어째서, 어떻게
～力(りょく)：～력(指導力：しどうりょく)
花嫁(はなよめ)：신부
新幹線(しんかんせん)：신칸센
先(さき)：끝, 먼저, 아까

주요문법

「～かわかる」(～<하>는지 알다)의 과거형은 「～たかわかる」(～<했>는지 알다)이다.

どんな方法で実力を発揮していたかわかりますか。 (어떠한 방법으로 실력을 발휘하고 있었는지 압니까?)

どのぐらい寒かったかわかりますか。 (어느 정도 추웠는지 압니까?)

あそこも静かだったかわかりません。 (거기도 조용했는지 모르겠습니다.)

작 문 다음 문장을 일본어로 바꾸시오

정답 p.293

1. 그는 언제 오는지 압니까?

⇨

2. 나도 그 차가 얼마나 느린지 압니다.

⇨

3. 나는 그것이 얼마나 정확한지 안다.

⇨

4. 그가 언제 왔는지 압니까?

⇨

5. 어제는 얼마나 추웠는지 압니까?

⇨

6. 그것이 얼마나 정확했는지 압니까?

⇨

～と思う

동사・형용사・형용동사의 종지형 + と思う (～<한・하>다고 생각한다)

화자의 주관적인 생각을 나타내는 표현이다.

私も明日は学校へ行くと思います。나도 내일은 학교에 간다고<갈 것이라고> 생각합니다.

彼女は今彼に手紙を書いていると思う。

그녀는 지금 그에게 편지를 쓰고 있다고<있을 것이라고> 생각한다.

今も外は寒いと思います。지금도 밖은 추울 거라고 생각합니다.

電車の方がバスの方より速いと思います。전차 쪽이 버스 쪽보다 빠르다고 생각합니다.

お金より命が大切だと思ったからです。돈보다 목숨이 소중하다고 생각했기 때문입니다.

彼の考え方は現実的だと思います。그의 사고방식은 현실적이라고 생각합니다.

한자읽기

お金(かね)　命(いのち)　大切(たいせつ)だ　現実的(げんじつてき)だ

어휘

～と思う : ～<한・하>다고 생각한다

お金(かね) : 돈(「お」는 접두어)

命(いのち) : 생명, 목숨

大切(たいせつ)だ : 소중하다, 중요하다

現実的(げんじつてき)だ : 현실적이다

주요문법

「～と思う」(～<한・하>다고 생각한다)의 과거형은 「～たと思う」(～<했>다고 생각한다)이다.

学校へ行ったと思います。　(학교에 갔다고 생각합니다.)

外は寒かったと思います。　(밖은 추웠다고 생각합니다.)

命が大切だったと思います。　(목숨이 소중했다고 생각합니다.)

「と思う」 앞에 동사의 의지형이 오면 「~<할>려고 한다」라는 의미의 말이 되고, 형용사와 형용동사의 의지형이 오면 「~<하>리라고 생각한다」라는 의미의 말이 된다. 그리고 형용사의 경우는 「기본형 + だろうと思う」로 표현하는 것이 일반적이다.

学校へ行こうと思います。 (학교에 가려고 합니다.)
外は寒かろうと思います<寒いだろうと思います>。 (밖은 추우리라고 생각합니다.)
命が大切だろうと思います。 (목숨이 소중하리라고 생각합니다.)

명사의 경우는 「명사 + だと思う」(~라고 생각하다)이며, 이는 「명사 + だったと思う」(~였다고 생각하다), 「명사 + だろうと思う」(~일 것이라고 생각하다)와 같은 활용으로 쓰기도 한다.

これは先生の論文だと思います。 (이것은 선생님의 논문이라고 생각합니다.)
あなたが読んだのは先生の論文だったと思います。
(당신이 읽은 것은 선생님의 논문이었다고 생각합니다.)
これは先生の論文だろうと思います。 (이것은 선생님의 논문일 것이라고 생각합니다.)

작 문 다음 문장을 일본어로 바꾸시오

정답 p.293

1. 그들은 오후 2시 비행기를 탈 것입니다.
⇨

2. 일본은 물가가 비싸다고 생각합니다.
⇨

3. 여기는 안전하다고 생각합니다.
⇨

4. 배는 그가 먹었다고 생각합니다.
⇨

5. 버스보다 전차가 빨랐다고 생각합니다.
⇨

6. 거기는 안전했다고 생각합니다.
⇨

7. 그것은 내가 하려고 합니다.
⇨

8. 비행기는 빠르리라고 생각합니다.

⇨

9. 도서관은 지금 조용하리라고 생각합니다.

⇨

10. 여기가 A강의실이라고 생각합니다.

⇨

11. 여기가 A강의실이었다고 생각합니다.

⇨

12. 여기가 A강의실일 것이라고 생각합니다.

⇨

人類の智慧－諺(인류의 지혜－속담)

売り言葉に買い言葉(파는 말에 사는 말)

상대방이 좋지 않은 말을 해 오면 이쪽도 지지 않고 응수한다는 뜻.

~とは思わない

동사・형용사・형용동사의 종지형 + とは思わない (~<할> 것이라고는 생각하지 않는다)

화자의 주관적인 생각을 나타내는 표현이다.

展示品を会場に明日搬入するとは思いません。 전시품을 회장에 내일 반입할 것이라고는 생각하지 않습니다.

彼が今ここに来るとは思いません。 그가 지금 여기에 올 것이라고는 생각하지 않습니다.

外が今そんなに暑いとは思わない。 밖이 지금 그렇게 더울 것이라고는 생각하지 않는다.

現在の韓国の物価が高いとは思っていません。 현재 한국의 물가가 비싸다고는 생각하고 있지 않습니다.

この橋が安全だとは思わない。 이 다리가 안전하다고는 생각하지 않는다.

大学の図書館が静かだとは思いません。 대학의 도서관이 조용하다고는 생각하지 않습니다.

한자읽기

展示品(てんじひん)	会場(かいじょう)	搬入(はんにゅう)	現在(げんざい)	物価(ぶっか)	橋(はし)

어휘

~とは思わない : ~<할> 것이라고는 생각하지 않는다

展示品(てんじひん) : 전시품

会場(かいじょう) : 회장

搬入(はんにゅう) : 반입

現在(げんざい) : 현재

物価(ぶっか) : 물가

橋(はし) : 다리

주요문법

「~とは思わない」(~<할>것이라고 생각하지 않는다)의 과거형은 「~たとは思わない」(~<했>다고는 생각하지 않는다)이다.

搬入したとは思いません。　　(반입했다고는 생각하지 않습니다.)
暑かったとは思いません。　　(더웠다고는 생각하지 않습니다.)
安全だったとは思いません。　(안전했다고는 생각하지 않습니다.)

「～とは思わない」앞에 동사의 의지형이 오면「～<하>려고 하지 않는다」라는 의미의 말이 되고, 형용사・형용동사의 미연형이 오면「～<하>리라고는 생각하지 않는다」라는 의미의 말이 된다. 그런데 형용사의 경우는「기본형 + だろうとは思わない」로 표현하는 것이 일반적이다.

搬入しようとは思いません。　(반입하려고는 생각하지 않습니다.)
暑かろうとは<暑いだろうとは>思いません。(더우리라고 생각하지 않습니다.)
安全だろうとは思わない。　(안전하리라고는 생각하지 않는다.)

명사의 경우에는「명사 + だとは思わない」(～라고는 생각하지 않는다)이며, 이는「명사 + だったとは思わない」(～였다고는 생각하지 않는다),「명사 + だろうとは思わない」(～일 것이라고는 생각하지 않는다)와 같은 활용으로 쓰기도 한다.

これが犬だとは思わない。　(이것이 개라고는 생각하지 않는다.)
これが昨夜のその犬だったとは思いません。
(이것이 어젯밤의 그 개였다고는 생각하지 않습니다.)
あれが珍しい犬だろうとは思いません。(그것이 진귀한 개일 것이라고는 생각하지 않습니다.)

☆ 珍(めずら)しい : 진귀하다, 희귀하다

작 문　다음 문장을 일본어로 바꾸시오

정답 p.294

1. 그가 내일 서울에 갈 것이라고는 생각하지 않습니다.
⇨

2. 내일도 추울 것이라고는 생각하지 않습니다.
⇨

3. 이것이 현대적이라고는 생각하지 않는다.
⇨

4. 그가 어제 여기에 왔다고는 생각하지 않는다.
⇨

5. 그것이 빨랐다고는 생각하지 않습니다.
⇨

6. 그 방법이 안전했다고는 생각하지 않습니다.

⇨

7. 서울에 가려고는 하지 않는다.

⇨

8. 거기가 그렇게 더우리라고는 생각하지 않는다.

⇨

9. 그것이 정확하리라고는 생각하지 않는다.

⇨

10. 이것이 좋은 책이라고는 생각하지 않는다.

⇨

11. 이것이 좋은 책이었다고는 생각하지 않는다.

⇨

12. 그것이 좋은 책일 것이라고는 생각하지 않는다.

⇨

61 ～という

인용될 수 있는 말＋という (～고 <말>하다)

앞의 말을 소개하는 역할을 하는 표현이다.

彼の名前は森信一といいます。그의 이름은 모리 신이치라고 합니다.

加藤さんは、問題は自分が解決する<解決した>といった。

가토 상은, 문제는 자기가 해결한다<해결했다>고 했다.

彼は、彼女は美しい<美しかった>といいました。

그는, 그녀는 아름답다<아름다웠다>고 말했습니다.

田中さんは、ここは静かだ<静かだった>といった。

다나카 상은, 여기는 조용하다<조용했다>고 말했다.

彼は、これが金さんのものです<ものでした>といいました。

그는, 이것이 김 상의 것입니다<것이었습니다>라고 말했습니다.

私は、はい、行きます<行きました>といった。

나는, 예, 가겠습니다<갔습니다>라고 말했다.

한자읽기

信一(しんいち)

어휘 ～という : ～고 <말>하다　　信一(しんいち) : 싱이치(일본 남자의 이름)

주요문법

「～という」(～고 <말>하다)의 겸양어는 「～と申(もう)す」(～고 <말>하다)이다.

私は金成一と申します。　(저는 김성일이라고 합니다.)

申す言葉もありません。　(드릴 말씀도 없습니다.)

☆ 申(もう)す：「言(い)う」(말하다)의 겸양

「～という」(～고 <말>하다)는 다음과 같이 활용하여 표현할 수 있다.

「～ともいう」(～라고도 <말>하다)

十二月は師走ともいいます。　(12월은 섣달이라고도 합니다.)

彼は来るとも来ないともいいませんでした。　(그는 온다고도 오지 않겠다고도 하지 않았습니다.)

「～とはいわない」(～라고는 <말>하지 않는다)

漫画を見ることを勉強とはいいません。　(만화를 보는 것을 공부라고는 하지 않습니다.)

ご飯をインスタント食品とはいわない。　(밥을 인스턴트 식품이라고는 하지 않는다.)

☆ 師走(しわす)：섣달　　インスタント: 인스턴트(instant)

「～という」의 「～と」는 「～라고」라는 의미이므로, 이 「～と」 다음에 여러 가지 말이 와서 다양한 문형을 만들 수 있다.

「～とおっしゃる」(～라고 말씀하시다)

先生は、早く来なさいとおっしゃった。　(선생님은 빨리 오너라라고 말씀하셨다.)

あの方は、はい、行きますとおっしゃいました。(그분은 예, 가겠습니다라고 말씀하셨습니다.)

※ おっしゃる: 말씀하시다(「言う」 <말하다>의 존경어). 「おっしゃる」는 특수한 활용을 하므로 「おっしゃりました」가 아니라 「おっしゃいました」이다.

「～と書く」(～라고 쓰다)

金さんは、愛は美しいと書きました。　(김 상은, 사랑은 아름답다고 썼습니다.)

彼は、金勝哲と自分の名前を書きました。　(그는, 김승철이라고 자기의 이름을 썼습니다.)

이외에도 「～と読む」(～라고 읽다), 「～と話す」(～라고 이야기하다), 「～と呼ぶ」(～라고 부르다) 등의 표현이 있다.

작 문 다음 문장을 일본어로 바꾸시오

정답 p.294

1. 당신은 『雪国』이라는 소설을 읽었습니까?

⇨

2. 저는 한국의 金南洙라고 합니다.

⇨

3. 그것을 사랑이라고도 합니다.

⇨

4. 그것을 사랑이라고는 하지 않습니다.

⇨

5. 그는 어제 여기에 왔다고 했다.

⇨

6. 그는 당신을 아름답다고 했다.

⇨

7. 혼다 상은 그것을 안전하다고 했습니다.

⇨

8. 그는 나도 가겠습니다라고 했다.

⇨

9. 그는 아름다운 사랑이라고 썼다.

⇨

62 ~かというと

동사・형용사의 종지형 + かというと (~<하>는가 하면)
동사・형용사의 과거형 + かというと (~<했>는가 하면)

앞에서 결과를 말하고, 뒤에서 그 원인을 말하는 표현이다.

彼が毎日なぜここに来る(来た)かというと、彼女がいる<いた>からです。

그가 매일 왜 여기에 오는<왔는>가 하면, 그녀가 있<있었>기 때문입니다.

私がどうしてこの本を読む(読んだ)かというと、とてもおもしろい<おもしろかった>からです。

내가 어째서 이 책을 읽<읽었>는가 하면, 무척 재미있었기 때문입니다.

なぜ寒い(寒かった)かというと、下着を着なかったからです。

왜 추운<추웠는>가 하면, 속옷을 입지 않았기 때문입니다.

彼がなぜ告発しなかったかというと、成果がないと思ったからです。

그가 왜 고발하지 않았는가 하면, 성과가 없다고 생각했기 때문입니다.

한자읽기

告発(こくはつ)　成果(せいか)

어휘

~かというと : ~<하・했>는가 하면
告発(こくはつ) : 고발　成果(せいか) : 성과

주요문법

이 경우 형용동사는 어미「だ」를「である」로 표현하는 경우도 많다.

このアパートがなぜ静かであるかというと、町から離れているからである。

(이 아파트가 왜 조용한가 하면 시내에서 떨어져 있기 때문이다.)

このビルがなぜ安全であるかというと、丈夫に建てたからであります。

(이 빌딩이 왜 안전한가 하면 튼튼하게 지었기 때문입니다.)

☆ 離れる : 떨어지다, 떠나다 丈夫だ : 건강하다, 튼튼하다 建てる : 짓다, 세우다

「~かというと」(~<하・했>는가 하면)는 다음과 같이 응용할 수 있다.

「~かという」(~<하・했>는가 하는)

そうなると、彼がなぜあそこに行く(行った)かという問題が生じます。

(그렇게 되면 그가 왜 거기에 가<갔>는가 하는 문제가 생깁니다.)

新幹線が速い(速かった)かという問題がそんなに大事でしょうか。

(신칸센이 빠르다<빨랐다>고 하는 문제가 그렇게 중요한가요?)

☆ 生じる : 생기다, 발생하다

작 문 다음 문장을 일본어로 바꾸시오

정답 p.294

1. 그가 왜 울었는가 하면, 연인과 헤어졌기 때문이다.

⇨

2. 신칸센이 왜 빠른가 하면, 만드는 기술이 좋기 때문이다.

⇨

3. 한국의 것이라고 하여 다 정확한가 하면 그렇지도 않습니다.

⇨

☆ 技術 : 기술 そうでもない : 그렇지도 않다

~というのは ~のことです

명사 + というのは + 명사 + のことです
(~라고 하는 것은 ~을 말합니다)

앞의 말을 뒤에서 설명하는 역할을 하는 표현이다.

奥付というのは著者や出版社や発行年月日などを書いた頁のことです。

판권장이라고 하는 것은 저자나 출판사나 발행 연월일 등을 쓴 페이지를 말합니다.

学生というのは学校へ通っている人のことです。

학생이라고 하는 것은 학교에 다니고 있는 사람을 말합니다.

運賃というのは旅客・貨物の運送料金のことです。

운임이라고 하는 것은 여객・화물의 운송요금을 말합니다.

한자읽기

奥付(おくづけ)　著者(ちょしゃ)　出版者(しゅっぱんしゃ)　発行(はっこう)　年月日(ねんがっぴ)　運賃(うんちん)　旅客(りょかく)　貨物(かもつ)　運送(うんそう)

어휘

~というのは~のことです：~라고 하는 것은 ~을 말합니다

奥付(おくづけ)：판권장　著者(ちょしゃ)：저자

出版社(しゅっぱんしゃ)：출판사　発行(はっこう)：발행

年月日(ねんがっぴ)：연월일　頁(ページ)：페이지(page)

運賃(うんちん)：운임　旅客(りょかく)：여객

貨物(かもつ)：화물　運送(うんそう)：운송

작 문　다음 문장을 일본어로 바꾸시오

정답 p.294

1. 주행이라고 하는 것은 자동차 등이 달리는 것을 말합니다.

⇨

2. 지하라고 하는 것은 지면의 밑을 말합니다.

⇨

3. 작품이라고 하는 것은 제작물을 말합니다.

⇨

☆ 走行(そうこう) : 주행　自動車(じどうしゃ) : 자동차　地下(ちか) : 지하　下(した) : 아래　地面(じめん) : 지면　制作物(せいさくぶつ) : 제작물

人類(じんるい)の智慧(ちえ) – 諺(ことわざ) (인류의 지혜 – 속담)

水魚(すいぎょ)の交(まじ)わり(물과 물고기의 사귐)

물과 물고기의 관계처럼 떼려야 뗄 수 없이 친하고 깊은 관계를 말함.

64 ～といわれる

인용될 수 있는 말＋といわれる（～〈라〉고들 한다）

일반적으로 알려져 있는 것이라는 것을 나타내는 표현이다.

寝る子は<u>育つ</u>といわれている。자는 아이는 자란다고들 말한다.

昔から<u>秋田美人</u>といわれているが、あなたは本当に美しいですね。

옛날부터 아키다 미인이라고들 합니다만, 당신은 정말로 아름답군요.

<u>真理である</u>といわれている聖書は永遠のベストセラーです。

진리라고들 하고 있는 성서는 영원한 베스트 셀러입니다.

한자읽기

育(そだ)つ	本当(ほんとう)	昔(むかし)	秋田(あきた)	美人(びじん)	真理(しんり)	聖書(せいしょ)	永遠(えいえん)

어휘

～といわれる：～라고들 한다
育(そだ)つ：자라다, 성장하다
昔(むかし)：옛날
秋田(あきた)：아키타(일본의 한 현(県)의 이름)
美人(びじん)：미인
本当(ほんとう)だ：진실이다, 정말이다, 사실이다
真理(しんり)：진리
永遠(えいえん)だ：영원하다

작 문　다음 문장을 일본어로 바꾸시오

정답 p.294

1. 미인은 단명이라고들 합니다만 정말이군요.
⇨

2. 羅州의 배는 맛있다고들 하고 있습니다.
⇨

3. 이것이 최고급이라고들 하는 차입니다.
⇨

☆ 短命(たんめい)：단명

~といった

인용될 수 있는 말 + といった
(~이라고 하는・~<한>다고 하는)

여러 가지 중 하나, 또는 몇 가지만을 들어 나타내는 표현이다.

けんかをして解決するといった方法もあります。

싸움을 하여 해결한다고 하는 방법도 있습니다.

「大人」は「おとな」の他に「だいにん」といった読み方もある。

「大人」는 「오토나」 외에 「다이닌」이라고 하는 읽는 방법도 있다.

暑い時、熱いものを食べるといった避暑法もあります。

더울 때 뜨거운 것을 먹는다고 하는 피서법도 있습니다.

한자읽기

大人(おとな)　読(よ)み方(かた)　避暑法(ひしょほう)

어휘

~といった : ~<라고・한다고> 하는　大人(だいにん・おとな) : 대인, 어른
読(よ)み方(かた) : 읽는 방법　避暑法(ひしょほう) : 피서법

작 문　다음 문장을 일본어로 바꾸시오

정답 p.294

1. 차를 종이로 만든다고 하는 만드는 방법은 없을까요?
⇨

2. 하늘을 헤엄친다고 하는 수영법을 생각하고 있습니다.
⇨

3. 얼굴을 보며 이야기한다고 하는 전화도 개발되었습니다.
⇨

☆ 作(つく)り方(かた) : 만드는 방법　泳(およ)ぐ : 헤엄치다　水泳法(すいえいほう) : 수영법
考(かんが)える : (깊이) 생각하다　顔(かお) : 얼굴　話(はな)す : 이야기하다　開発(かいはつ) : 개발

66 ～といい

인용될 수 있는 말＋といい
(～고 하고<하여>, ～라든가, ～이든)

「～といって」(～라고 하고, ～라고 하여)와 같은 의미로 쓰이기도 하고(A), 둘 이상을 나열할 때 쓰이기도 하는(B) 표현이다.

A

杉さんは「はい」といい、すぐ出掛けました。스기 상은 「예」라고 하고, 바로 나갔습니다.

彼は行くといい、彼女に会いにソウルへ行った。

그는 간다고 하고, 그녀를 만나러 서울에 갔다.

B

民族といい、国家といい、私には関係ない。민족이든 국가든 나에게는 상관(관계)없다.

「花より団子」といい、「壁に耳あり」といい、そうした諺は韓国にもある。

「꽃보다 경단」이라든가 「벽에 귀가 있다」라든가, 그러한 속담은 한국에도 있다.

한자읽기

民族(みんぞく)　国家(こっか)　関係(かんけい)　団子(だんご)　壁(かべ)　耳(みみ)　諺(ことわざ)

어휘

～といい : ～고 하고<하여>, ～라든가
民族(みんぞく) : 민족
国家(こっか) : 국가
関係(かんけい) : 관계
団子(だんご) : 단자, 경단
壁(かべ) : 벽
耳(みみ) : 귀
諺(ことわざ) : 속담

작 문 다음 문장을 일본어로 바꾸시오

정답 p.294

1. 그는「가겠습니다」라고 하고, 외출 준비를 하였습니다.

⇨

2. 과식이라든가, 과음이라든가, 몸에 좋지 않은 것입니다.

⇨

3. 구름이라든가, 바람이라든가, 자연의 아름다움이라고 하는 것을 느낍니다.

⇨

☆ 準備(じゅんび) : 준비　動詞(どうし) : 동사

人類(じんるい)の智慧(ちえ)－諺(ことわざ)(인류의 지혜－속담)

好(す)きこそ物(もの)の上手(じょうず)なれ(좋아서 하는 일은 잘 된다)

좋아서 하는 일은 열심히 하게 되고 공부나
연구를 해도 점점 더 능숙하게 된다.

67

~がいうには

명사 + がいうには (~의 말에 의하면)

타인의 말을 소개하는 표현이다.

朴さんがいうには、新しい作品が完成したということです。

박 상의 말에 의하면 새 작품이 완성되었다고 합니다(했다는 것입니다).

私の友達がいうには、彼は明日来るということです。

내 친구의 말에 의하면 그는 내일 온다고 합니다.

あの新聞記者がいうには、昨日の事故は不注意から生じたということである。

그 신문기자의 말에 의하면 어제의 사고는 부주의로부터 발생했다는 것이다.

한자읽기

完成(かんせい)　事故(じこ)　不注意(ふちゅうい)

어휘

~がいうには : ~의 말에 의하면　　完成(かんせい) : 완성

事故(じこ) : 사고　　不注意(ふちゅうい) : 부주의

주요문법

「~がいうには」(~의 말에 의하면)의 겸양어는 「~が申すには」(~의 말에 의하면)이다.

父が申すには、弟は明日来るということです。

(아버지의 말에 의하면 남동생은 내일 온다고 합니다.)

妹が申すには、入学試験は来週にあるということです。

(여동생의 말에 의하면 입학시험은 다음 주에 있다고 합니다.)

이외에도 「~がいうには」(~의 말에 의하면)와 비슷한 의미의 표현으로, 「~によると<よれば>」(~에 의하면), 「~では」(~로는) 등이 있다.

<u>天気予報</u>によると<よれば>明日は雨が降るそうです。

(일기예보에 의하면 내일은 비가 내린다고 합니다.)

先生の<u>お話</u>では、加藤さんの発表は来週の金曜日だそうだ。

(선생님의 말씀으로는 가토 상의 발표는 다음 주 금요일이라 한다.)

작 문 다음 문장을 일본어로 바꾸시오

정답 p.294

1. 그의 말에 의하면 그녀는 모리 상과 결혼한다고 한다.

⇨

2. 남동생의 말에 의하면 아버지의 건강은 상당히 좋아졌다고 한다.

⇨

3. 신문에 의하면 일본은 지금 대단히 춥다고 한다.

⇨

4. 그의 아버님의 말씀에 의하면 그는 어제 귀국했다고 한다.

⇨

☆ 大分(だいぶ) : 상당히, 꽤, 제법

～として

명사＋として（～로서）

자격이나 입장, 이름 등을 다른 경우와 구별하여 말할 때 쓰는 표현이다.

私は趣味として切手を集めています。나는 취미로서 우표를 모으고 있습니다.

あなたは教育者としてそんなことを言ってもいいのですか。

당신은 교육자로서 그런 말을 해도 됩니까?

先輩として忠告するが、そんな所には二度と行かないほうがいい。

선배로서 충고하겠는데, 그런 곳에는 두 번 다시 가지 않는게 좋아.

한자읽기

趣味(しゅみ)　切手(きって)　教育者(きょういくしゃ)　先輩(せんぱい)　忠告(ちゅうこく)　所(ところ)

어휘

～として：～로서

趣味(しゅみ)：취미

切手(きって)：우표

教育者(きょういくしゃ)：교육자

忠告(ちゅうこく)：충고

先輩(せんぱい)：선배, 선배님

所(ところ)：곳, 데, 장소

작 문 다음 문장을 일본어로 바꾸시오 정답 p.294

1. 친구로서 그녀를 만나고 싶습니다.

⇨

2. 논문으로서의 기능을 알고 있습니까?

⇨

3. 나는 유학생으로서 한국에 와 있습니다.

⇨

☆ 機能(きのう)：기능　留学生(りゅうがくせい)：유학생

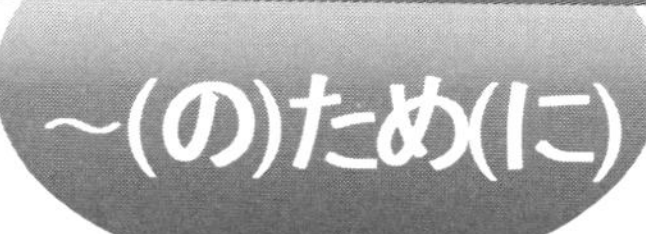

명사 + のために (~을 위해, ~ 때문에, ~<하>려고)
동사, 형용사의 종지형・과거형 + ため<に>
(~기 위해, ~기 때문에)

목적이나 이유, 원인 등을 나타내는 표현이다.

最近は老後のために貯金する人が増えました。

최근에는 노후를 위하여 저금하는 사람이 늘었습니다.

あのことはあなたのために失敗しました。 그 일은 당신 때문에 실패했습니다.

言葉の意味を知るために字引を引いている学生達。

말의 의미를 알기 위해 사전을 찾고 있는 학생들.

空気が悪いため、頭が重くなりました。 공기가 나빠서 머리가 무거워졌습니다.

昨日は講義室が寒かったために風邪を引いてしまいました。

어제 강의실이 추워서 감기가 들어 버렸습니다.

한자읽기

老後(ろうご)　貯金(ちょきん)　増(ふ)える　意味(いみ)　知(し)る　字引(じびき)　空気(くうき)

어휘

~のために : ~을 위해, ~때문에, ~<하>려고, ~기 위해

老後(ろうご) : 노후

貯金(ちょきん) : 저금

増(ふ)える : 늘다, 불어나다, 증가하다

意味(いみ) : 의미

知(し)る : 알다

字引(じびき) : 사전

空気(くうき) : 공기

주요문법

「~을 위한」이라는 의미의 표현은 「~のための」, 「~에게 유익한」이라는 의미의 표현은 「~のた

めになる」, 「~ 때문이다, ~기 위해서다」라는 의미의 표현은 「~ためだ」로 활용하여 쓸 수 있다.

今晩はあなたのための集まりですから、遠慮なく楽しんでください。
(오늘밤은 당신을 위한 모임이니까 사양 말고 즐겨 주세요.)

ここには子供のためになる本ばかりある。(여기에는 어린이에게 유익한 책만 있다.)

風邪を引いたのは寒かったためです。 (감기가 든 것은 추웠기 때문입니다.)

☆ 遠慮(えんりょ) : 조심함, 거리낌, 기탄 楽(たの)しむ : 즐기다, 즐겁게 지내다

작 문 다음 문장을 일본어로 바꾸시오

정답 p.294

1. 가족을 위하여 일하고 있습니다.

⇨

2. 친구를 만나기 위해 버스를 탔습니다.

⇨

3. 더워서 머리가 이상해졌습니다.

⇨

4. 어린이를 위한 여행을 계획했습니다.

⇨

5. 건강에 유익한 놀이를 개발합시다.

⇨

6. 버스에 탄 것은 서울에 가기 위해서입니다.

⇨

☆ おかしい : 우습다, 이상하다 計画(けいかく) : 계획 開発(かいはつ) : 개발

~のに

동사, 형용사의 연체형・과거형 + のに (~<하・했>는데도)
조동사「だ」, 형용동사의 연체형・과거형 + のに (~<인・한>데도)

역접의 역할을 하는 표현이다.

彼は釜山へ行くのに、彼女は行かない。그는 부산에 가는데도 그녀는 가지 않는다.
いっしょうけんめい勉強したのに、試験に失敗した。열심히 공부했는데 시험에 실패했다.
寒いのに窓を開けておいた。추운데도 창문을 열어놓았다.
寒かったのに風邪を引かなかった。추웠는데도 감기가 들지 않았다.
働いたのは私なのに彼女が褒められた。일한 것은 나인데도 그녀가 칭찬받았다.
それは彼だったのに少しもわからなかった。그것은 그였는데도 조금도 몰랐다.
静かなのに(静かだったのに)勉強がよくできない(できなかった)。
조용한데도(조용했는데도) 공부가 잘 되지 않는다(되지 않았다).

한자읽기

働(はたら)く　　褒(ほ)める

어휘
~のに : ~<하・했>는데도, ~<인・한>데도
働(はたら)く : 일하다　　褒(ほ)める : 칭찬하다

주요문법

「のに」 앞에 동사의 연체형이 오면 「~<하>는데에」라는 말이 되기도 한다.

ソウルへ行くのに時間はどのぐらいかかりますか。
(서울에 가는 데에 시간은 어느 정도 걸립니까?)

本を買うのにお金をたくさん使った。 (책을 사는 데에 돈을 많이 썼다.)

작 문 다음 문장을 일본어로 바꾸시오

정답 p.295

1. 열심히 공부하고 있는데도 성적이 오르지 않는다.

⇨

2. 올 여름은 정말로 더웠는데도 건강했다.

⇨

3. 이 시설은 안전한데도 사람들이 이용하지 않는다.

⇨

4. 그것은 정말로 재미있는 책이었는데도 읽는 사람은 적었습니다.

⇨

5. 이 책을 읽는 데에 시간은 얼마나 걸릴까요?

⇨

☆ 成績(せいせき) : 성적　施設(しせつ) : 시설

71 ~のことで

명사＋のことで（~에 대한 일로）

앞의 말이 원인이 되고, 이것으로 인해 뒤의 말이 결과가 됨을 나타내는 표현이다.

今度の学会のことで先生に相談したいことがありますが。

이번 학회에 대한 일로 선생님께 상의하고 싶은 일이 있습니다만.

ここに建てるビルの設計図のことで来ました。

여기에 지을 빌딩의 설계도에 대한 일로 왔습니다.

息子のことでお願いしたいことがあります。아들에 대한 일로 부탁드리고 싶은 일이 있습니다.

한자읽기

学会(がっかい)　設計図(せっけいず)　息子(むすこ)　願(ねが)う

어휘

~のことで：~에 대한 일로　学会(がっかい)：학회
設計図(せっけいず)：설계도　息子(むすこ)：아들
願(ねが)う：바라다, 원하다

작 문 다음 문장을 일본어로 바꾸시오 정답 p.295

1. 논문에 대한 일로 선생님을 만나고 싶습니다.
⇨
2. 회장의 예약에 대한 일로 전화했습니다만.
⇨
3. 아버지는 나의 결혼에 대한 일로 서울에 갔습니다.
⇨

☆ 予約(よやく)：예약

72 ~にとって(は)

명사 + にとって(は) (~에게 있어서〈는〉)

「~에게(는)」이라는 말과 비슷한 의미의 말을 만드는 표현이다.

今度の旅行は私にとっては大変いい思い出になると思います。

이번 여행은 나에게 있어서는 대단히 좋은 추억이 되리라고 생각합니다.

これはあなたにとっては大成功じゃないでしょうか。

이것은 당신에게 있어서는 대성공이 아닐까요?

この事故は加納さんにとって辛い経験になると思う。

이 사고는 가노오 상에게 있어서 쓰라린 경험이 되리라고 생각한다.

한자읽기

大変(たいへん)　思い出(おもいで)　大成功(だいせいこう)　辛い(つらい)

어휘

~にとって<は> : ~에게 있어서<는>
大変(たいへん) : 매우, 대단히
思(おも)い出(で) : 추억, 회상
大成功(だいせいこう) : 대성공
辛(つら)い : 괴롭다, 고통스럽다, 쓰라리다

작문 다음 문장을 일본어로 바꾸시오

정답 p.295

1. 이것은 그에게 있어서는 행운이라고 생각합니다.

⇨

2. 여동생에게 있어서는 이것이 최고일 것입니다.

⇨

3. 나에게 있어서는 이것보다 좋은 것은 없습니다.

⇨

☆ 幸運(こううん) : 행운

73 ~(た)かもしれない

명사, 동사・형용사의 연체형・과거형 ┐ + (た)かもしれない
형용동사의 어간・과거형 ┘ (~<었・했>을 지도 모른다

애매한 추측을 나타내는 표현이다.

これを書いたのは彼(だった)かもしれません。이것을 쓴 것은 그일<였을>지도 모릅니다.

彼女はパーティーに洋装をして行く(行った)かもしれません。
그녀는 파티에 양장을 하고 갈<갔을>지도 모릅니다.

訳文が原文よりいい(よかった)かもしれません。
번역문이 원문보다 좋을<좋았을>지도 모릅니다.

今年の春の天気は穏やか(穏やかだった)かもしれません。
금년 봄 날씨는 온화할<온화했는>지도 모릅니다.

한자읽기

洋装(ようそう)　訳文(やくぶん)　原文(げんぶん)　穏(おだ)やかだ

어휘

~<た>かもしれない : ~<었・했>을지도 모른다

洋装(ようそう) : 양장　　訳文(やくぶん) : 역문, 번역문

原文(げんぶん) : 원문　　穏(おだ)やかだ : 온화하다, 평온하다

작 문 다음 문장을 일본어로 바꾸시오 정답 p.295

1. 거기에 간 것은 여동생이었을지도 모른다.

⇨

2. 그도 오늘은 여기에 올지도 모른다.

⇨

3. 당신이 탄 전차가 내가 탄 버스보다 빨랐는지 모릅니다.

⇨

4. 이 방법이 더 민주적인지도 모릅니다.

⇨

人類(じんるい)の智慧(ちえ)－ 諺(ことわざ)(인류의 지혜－속담)

短(たん)を捨(す)てて長(ちょう)を取(と)る(짧은 것을 버리고 긴 것을 취한다)

결점이나 단점을 버리고 장점을 취해 자기의 것으로 한다는 뜻.

74 ~(た)かどうか

명사, 동사・형용사의 연체형・과거형
형용동사의 어간・과거형 + (た)かどうか (~<었・했>는지 어떤지(어떨지)

긍정 쪽인지 부정 쪽인지 판단이 서지 않는다는 의미의 표현이다.

日本へ行く(行った)人は金さん(金さんだった)かどうかわかりません。

일본에 갈(간) 사람은 김 상일지 어떨지(김 상이었는지 어떤지) 모릅니다.

あなたが気に入る(入った)かどうかわかりませんけれど。

당신이 마음에 들지 어떨지(들었는지 어떤지) 모르겠습니다만.

電車がバスより速い(速かった)かどうかわからない。

전차가 버스보다 빠를지 어떨지(빨랐는지 어떤지) 모른다.

彼は研究の結果が正確(正確だった)かどうか考えています。

그는 연구 결과가 정확한지(정확했는지) 어떤지 생각하고 있습니다.

한자읽기

気(き)　入(い)る　結果(けっか)

어휘

~<た>かどうか : ~<었・했>는지 어떤지<어떨지>

気(き)に入(い)る : 마음에 들다　　気(き) : 기, 기체, 마음

入(い)る : 들다, 들어가다　　結果(けっか) : 결과

작 문 다음 문장을 일본어로 바꾸시오 정답 p.295

1. 그가 그것을 할지 어떨지 모르겠다.

⇨

2. 그것은 좋은 작품인지 어떤지 생각해 보겠다.

⇨

3. 일본의 물가는 비쌌는지 어떤지 모르겠습니다.

⇨

4. 김 상의 방법이 민주적이었는지 어떤지 모르겠다.

⇨

人類(じんるい)の智慧(ちえ)－諺(ことわざ)(인류의 지혜－속담)

寺(てら)から出(で)れば坊主(ぼうず)(절에서 나오면 중)

오해를 받더라도 하는 수 없다고 하는 뜻. 절에서 나온 사람은 중과 동류라고 오해를 받더라도 도리가 없다는 뜻의 말이다.

75 ~つづける

동사의 연용형 + つづける (계속하여~<하>다)

계속되는 동작을 나타내는 말을 만드는 표현이다.

小説が本当におもしろかったので、<u>読み</u>つづけている内に日が暮れました。

소설이 정말로 재미있었기 때문에 계속해서 읽고 있는 동안에 해가 저물었습니다.

私達は1時間も<u>歌い</u>つづけました。 우리들은 1시간이나 계속하여 노래를 불렀습니다.

私達は去年の冬から<u>会い</u>つづけています。

우리들은 작년 겨울부터 계속하여 만나고 있습니다.

한자읽기

内(うち)　日(ひ)　暮(く)れる　去年(きょねん)

어휘

~つづける : 계속하여 ~<하>다　　内(うち) : 속, 안, 전, 동안
日(ひ) : 해, 날　　暮(く)れる : 저물다
去年(きょねん) : 작년

작 문　다음 문장을 일본어로 바꾸시오

정답 p.295

1. 그는 편지를 계속하여 썼습니다.

⇨

2. 계속하여 달리고 있는 차를 바라보며 서 있었다.

⇨

3. 그는 계속하여 울고 있는 그녀를 달랬다.

⇨

☆ 眺(なが)める : 바라보다, 쳐다보다　宥(なだ)める : 달래다

76

～つくす

동사의 연용형 + つくす (다~〈하〉다)

어떠한 동작을 완료하는 말을 만드는 표현이다

あの人は親から受け継いだ財産をみんな使いつくしてしまった。
그 사람은 부모로부터 물려받은 재산을 모두 다 써버렸다.

えさを食べつくした鶏を見ている子供達。 먹이를 다 먹은 닭을 보고 있는 어린이들.

私の言いたいことはもう言いつくしました。 내가 하고 싶은 말은 이미 다 했습니다.

한자읽기

受(う)け継(つ)ぐ　財産(ざいさん)　鶏(にわとり)

어휘

～つくす : 다 ～하다
受(う)け継(つ)ぐ : 이어받다, 물려받다, 계승하다
財産(ざいさん) : 재산
えさ : 먹이
鶏(にわとり) : 닭

작 문 다음 문장을 일본어로 바꾸시오 정답 p.295

1. 그들은 물을 다 써버렸다.
⇨

2. 그의 일은 다 알고 있습니다.
⇨

3. 말하고 싶은 것은 다 썼다.
⇨

~きれない

동사의 연용형 + きれない (다~<하>지 못하다)

어떠한 목표에 도달하기에는 수적으로나 양적으로 너무 많음을 나타내는 표현이다.

豆腐が食べきれないほど多い。 두부가 다 먹지 못할 만큼 많다.

数えきれないほど多い星を見上げることも楽しみの一つです。

다 세지 못할 만큼 많은 별을 올려다보는 것도 즐거움의 하나입니다.

これは明日までにはとても覚えきれません。

이것은 내일까지는 도저히 다 외우지 못하겠습니다.

한자읽기

豆腐(とうふ)　数(かぞ)える　星(ほし)　見上(みあ)げる　楽(たの)しみ　覚(おぼ)える

어휘

~きれない : 다~<하>지 못하다
豆腐(とうふ) : 두부
数(かぞ)える : 세다, 헤아리다, 계산하다
星(ほし) : 별
覚(おぼ)える : 외우다, 기억하다
見上(みあ)げる : 올려다보다, 쳐다보다
楽(たの)しみ : 즐거움

작 문 다음 문장을 일본어로 바꾸시오

정답 p.295

1. 이 물은 도저히 다 마시지 못하겠습니다.

⇨

2. 12시까지에는 도저히 다 쓰지 못합니다.

⇨

3. 시간이 모자라서 『雪国』을 어젯밤 다 읽지 못했습니다.

⇨

☆ 足(た)りない : 모자라다

78 ~すぎる

동사의 연용형, 형용사・형용사동사의 어간 + すぎる
(너무 ~<하>다)

무엇인가 도에 지나침을 나타내는 표현이다.

私は煙草を吸いすぎたので肺を悪くしました。나는 담배를 너무 피워서 폐가 상했습니다.

からかいすぎると泣いてしまうから程々にしなさい。

너무 놀리면 울어 버리니까 적당히 해라.

ここは暑すぎて堪りません。여기는 너무 더워서 못 견디겠습니다.

この色紙を折り紙に使うには赤すぎる。이 색종이를 종이접기에 쓰기에는 너무 빨갛다.

私は静かすぎると却って勉強がうまくできません。

나는 너무 조용하면 오히려 공부가 잘 안됩니다.

あなたは幸せすぎるから困るのよ。당신은 너무 행복해서 곤란한 거야.

한자읽기

煙草(たばこ)　吸(す)う　肺(はい)　程々(ほどほど)　堪(たま)る　色紙(いろがみ)　折(お)り紙(がみ)　却(かえ)って　幸(しあわ)せ

어휘

~すぎる : 너무 ~<하>다
煙草(たばこ) : 담배
吸(す)う : 들이쉬다, 호흡하다, (담배를) 피우다
肺(はい) : 폐
からかう : 놀리다, 조롱하다
程々(ほどほど) : 적당히, 작작
堪(たま)る : 참다, 견디다
色紙(いろがみ) : 색종이
折(お)り紙(がみ) : 종이접기
却(かえ)って : 오히려, 도리어
幸(しあわ)せ : 행복

작 문 다음 문장을 일본어로 바꾸시오

정답 p.295

1. 술을 너무 마시면 몸이 상합니다.

⇨

2. 맛있어서 너무 먹었습니다.

⇨

3. 이것은 너무 맵군요.

⇨

4. 너무 높이 올라가서 무서웠습니다.

⇨

5. 그것은 너무 불안합니다.

⇨

6. 여기는 너무 불편하여 곤란합니다.

⇨

☆ 辛(から)い: 맵다, 짜다, 독하다　　怖(こわ)い: 무섭다, 두렵다, 겁나다

79 ～やすい

동사의 연용형＋やすい (～<하>기 쉽다)

큰 힘을 가하지 않아도 그리 된다고 하는 표현이다.

壊れやすいものですから注意してください。깨어지기 쉬운 것이니까 주의해 주세요.

信じやすい人は幸福だと思います。믿기 쉬운 사람은 행복하다고 생각합니다.

人間は成功すると油断しやすいですよ。인간은 성공하면 방심하기 쉬워요.

한자읽기

壊(こわ)れる　注意(ちゅうい)　幸福(こうふく)　成功(せいこう)　油断(ゆだん)

어휘

～やすい：～<하>기 쉽다
壊(こわ)れる：깨지다, 부서지다, 고장나다
注意(ちゅうい)：주의
幸福(こうふく)：행복
成功(せいこう)：성공
油断(ゆだん)：방심

작 문　다음 문장을 일본어로 바꾸시오

정답 p.295

1. 나는 소설보다는 수필이 쓰기 쉽다고 생각합니다.
⇨

2. 이 약보다 먹기 쉬운 것은 없습니다.
⇨

3. 고속도로가 생겨서 차가 달리기 쉽게 되었습니다.
⇨

☆ 薬(くすり)：약　高速(こうそく)：고속

～にくい

동사의 연용형 + にくい （～<하>기 어렵다<힘들다>）

손쉽게 할 수 없다고 하는 의미의 표현이다.

親にも話しにくいことがありますので理解してください。
부모님께도 이야기하기 어려운 것이 있으니까 이해하여 주세요.

この機械は使いにくいですね。 이 기계는 쓰기 어렵군요.

日本語の漢字は覚えにくいです。 일본어 한자는 외우기 힘듭니다.

한자읽기

理解(りかい)　機械(きかい)

어휘

～にくい : ～<하>기 어렵다<힘들다>　理解(りかい) : 이해

機械(きかい) : 기계

주요문법

「～にくい」와 비슷한 표현으로 「～がたい」(～<하>기 어렵다<힘들다>)가 있다.

お前が100点を取ったということは信じがたい事件だよ。
(네가 100점을 맞았다고 하는 것은 믿기 어려운 사건이야.)

このごろの君の態度は理解しがたいよ。(요즘의 자네 태도는 이해하기 어렵네.)

☆ 態度(たいど) : 태도

작 문 다음 문장을 일본어로 바꾸시오

정답 p.295

1. 이 약은 그렇게 먹기 힘든 것이 아닙니다.

⇨

2. 이 책에는 읽기 어려운 한자가 많이 있군요.

⇨

3. 험한 산길은 올라가기 힘듭니다.

⇨

人類(じんるい)の智慧(ちえ)－諺(ことわざ)(인류의 지혜－속담)

猿知恵(さるぢえ)(원숭이 지혜)

천박한 지혜. 약삭빠름.

큰 뜻을 품은 사람은 약삭빠른 사람과 가까이해서는 안 된다.

~っぱなす

동사의 연용형 + っぱなす （계속~<하>다)

줄곧 그러한 상태라고 하는 의미의 표현이다.

いつも<u>貰い</u>っぱなしですみません。항상 받기만 하여 미안합니다.

このように貴重なものをこんなところに<u>置き</u>っぱなしにしてはいけません。

이렇게 귀중한 것을 이런 데에 내버려두어서는 안됩니다.

このごろ私達のチームは<u>勝ち</u>っぱなしでいます。

요즈음 우리 팀은 이기기만 하고 있습니다.

한자읽기

貰(もら)う　　貴重(きちょう)だ　　勝(か)つ

어휘

~っぱなす : 계속~<하>다
すみません : 미안합니다(「すまない<미안하다>」의 정중한 말)
貰(もら)う : 받다, 얻다　　貴重(きちょう)だ : 귀중하다
勝(か)つ : 이기다, 승리하다

작 문 다음 문장을 일본어로 바꾸시오　　정답 p.295

1. 지기만 하고 있는 사람의 입장도 생각해 주세요.
⇨

2. 그는 당하고만 있다.
⇨

3. 그녀는 계속 사랑만 받고 있다.
⇨

☆ 負(ま)ける : 지다, 패배하다　立場(たちば) : 입장　やられる : 당하다　愛(あい)される : 사랑받다

~なれる

동사의 연용형 + なれる (~<하>기 익숙해지다)

어떠한 동작이 익숙해진다고 하는 의미의 표현이다.

私は<u>住み</u>なれたこの都会が好きです。 나는 살기 익숙해진 이 도시가 좋습니다.

包丁はもう<u>使い</u>なれましたか。 부엌칼은 이제 쓰기 익숙해졌습니까?

靴が<u>履き</u>なれていないので足が痛くて堪りません。

구두가 신기 익숙해지지 않아서 발이 아파 못 견디겠습니다.

한자읽기

住(す)む　都会(とかい)　包丁(ほうちょう)　履(は)く　痛(いた)い

어휘

~なれる : ~<하>기 익숙해지다
住(す)む : 살다, 거주하다
都会(とかい) : 도회, 도시
包丁(ほうちょう) : 요리사, 부엌칼
履(は)く : 신다, (하의를) 입다
痛(いた)い : 아프다

작 문 다음 문장을 일본어로 바꾸시오

정답 p.295

1. 이것은 내가 입기 익숙해진 양복입니다.

⇨

2. 김치도 이제 먹기 익숙해졌습니다.

⇨

3. 이것이 내가 타기 익숙해진 차입니다.

⇨

~ながら

동사의 연용형 + ながら (~<하>면서)

어떠한 동작을 행할 때에 그와 동시에 다른 동작을 행하는 경우, 그 두 동작을 이어주는 역할을 하는 표현이다.

列車は橋を通過しながら汽笛を鳴らした。 열차는 다리를 통과하면서 기적을 울렸다.

泣きながら歩いている子供に会いませんでしたか。

울면서 걷고 있는 어린이를 만나지 않았습니까?

隊長は目を光らせながら命令した。 대장은 눈을 빛내며 명령했다.

한자읽기

通過(つうか)　汽笛(きてき)　鳴(なら)す　隊長(たいちょう)　光(ひか)らす　命令(めいれい)

어휘

~ながら : ~<하>면서
通過(つうか) : 통과
汽笛(きてき) : 기적
鳴(な)らす : 울리다, 소리를 내다
隊長(たいちょう) : 대장
光(ひか)らす : 빛나게 하다, 반짝이게 하다
命令(めいれい) : 명령

작 문　다음 문장을 일본어로 바꾸시오

정답 p.296

1. 어린이들은 걸으면서 노래하고 있습니다.
⇨

2. 텔레비전을 보면서 식사를 하는 것은 좋은 습관이 아닙니다.
⇨

3. 가토 상은 회사에 근무하면서 공부하고 있습니다.
⇨

☆ 習慣(しゅうかん) : 습관

~てみなさい

동사의 연용형 + てみなさい (~<해>봐라<보게>)

어떠한 일을 해보라고 권유하는 표현이다.

機械の装置を<u>点検し</u>てみなさい。기계장치를 점검해 보세요.

昨夜の出来事を<u>想像し</u>てみなさい。어젯밤에 일어난 일을 상상해 보게.

砂糖を入れた紅茶を<u>味わっ</u>てみなさい。설탕을 넣은 홍차를 맛보게나.

한자읽기

装置(そうち)　点検(てんけん)　出来事(できごと)　想像(そうぞう)　砂糖(さとう)　紅茶(こうちゃ)　味(あじ)わう

어휘

~てみなさい : ~<해> 봐라<보게>	装置(そうち) : 장치
点検(てんけん) : 점검	出来事(できごと) : 일어난 일, 사건
想像(そうぞう) : 상상	砂糖(さとう) : 설탕
紅茶(こうちゃ) : 홍차	味(あじ)わう: 맛보다

주요문법

「~てみなさい」의 친밀감을 느끼게 하는 표현으로 「~てごらん」(~<해> 봐라<보게>)이 있고, 이의 정중한 표현으로는 「~てごらんなさい」(~<해> 봐요)가 있다.

これを<u>読ん</u>でごらん。(이것을 읽어 보렴.)

これを<u>読ん</u>でごらんなさい。(이것을 읽어 봐요.)

<u>言っ</u>てごらん。(말해 보렴.)

<u>言っ</u>てごらんなさい。(말해 봐요.)

작 문 다음 문장을 일본어로 바꾸시오

정답 p.296

1. 저기로 가보게.

⇨

2. 어제 일을 자세하게 말해 보게.

⇨

3. 이야기해 보렴.

⇨

4. 써 보렴.

⇨

5. 노래를 불러 봐요.

⇨

6. 저 차를 타 봐요.

⇨

~たって

동사의 연용형 + たって (~<한>다 해도)

무엇인가를 가상적으로 말하고, 그게 보통이라면 그렇게 될 테지만, 그렇게 되지 않은 문장이 이어지는 경우에 쓰는 표현이다.

いくら書いたってどうせ売れない本だから、止めなさいよ。

아무리 쓴다 해도 어차피 팔리지 않을 책이니까 그만 두지 그래.

読んだって分らないのに何のために読むんですか。

읽어도 모르는데 무엇 때문에 읽는 겁니까?

行ったって事務室に金さんはいません。 간다 해도 사무실에 김 상은 없습니다.

한자읽기

売(う)れる　　事務室(じむしつ)　　分(わか)る

어휘

~たって : ~<한>다 해도
どうせ : 어짜피, 어떻든, 결국
売(う)れる : 팔리다, 널리 알려지다
分(わか)る : 알다, 이해하다
事務室(じむしつ) : 사무실

주요문법

「명사・형용동사의 어간 + だって」는 「~<이>라도・~<할>지라도」라는 말을 만든다.

子供だってこのくらいのことはできるよ。(어린이라도 이 정도의 일은 할 수 있어.)
この本なら私だって読めますよ。(이 책이라면 나라도 읽을 수 있어요.)
いくら静かだって、こんなに交通が不便では困りますよ。
(아무리 조용할지라도 이렇게 교통이 불편해서는 곤란해요.)

いくら<u>便利</u>だって、こんなに古くては。(아무리 편리할지라도 이렇게 낡아서야.)

☆ 古(ふる)い : 오래다, 오래되다, 낡다

작 문　다음 문장을 일본어로 바꾸시오

정답 p.296

1. 이것은 아무리 먹는다 해도 살찌지 않는다.

⇨

2. 이 영화는 본다해도 재미없다.

⇨

3. 이 일은 당신이라 할지라도 할 수 있습니다.

⇨

4. 아무리 안전할지라도 주의하는 게 좋다.

⇨

☆ 太(ふと)る : 살찌다

~たら どうですか

동사의 연용형 + たらどうですか (~<하>는게 어떨까요?)

자신의 의견을 제시하고, 이에 대한 상대방의 의견을 물어, 상대방에게 그렇게 할 것을 권유하는 표현이다.

校長先生には野村先生が直接会いに行ったらどうですか。

교장 선생님은 노무라 선생님이 직접 만나러 가는 게 어떨까요?

それは今活発に活動なさっている随筆家の本田さんに聞いてみたらどうですか。

그것은 지금 활발하게 활동하고 계시는 수필가 혼다 상에게 물어 보는 게 어떨까요?

聞いてばかりいないで、あなたも一曲歌ったらどうですか。

듣고만 있지 말고 당신도 한 곡 부르는 게 어때요?

한자읽기

校長(こうちょう)　野村(のむら)　直接(ちょくせつ)　活発(かっぱつ)　活動(かつどう)　随筆家(ずいひつか)

어휘

~たらどうですか : ~<하>는게 어떨까요?
校長(こうちょう) : 교장
野村(のむら) : 노무라(일본 성씨의 하나)
活発(かっぱつ) : 활발
活動(かつどう) : 활동
なさる : 하시다(「する」<하다>의 높임말)
随筆家(ずいひつか) : 수필가
~家(か) : ~가

작문 다음 문장을 일본어로 바꾸시오

정답 p.296

1. 그에게 편지를 지금 쓰는 게 어떨까요?

⇨

2. 매일 운동을 하는 게 어떨까요?

⇨

3. 테니스라도 배워 보는 게 어떨까요?

⇨

人類(じんるい)の智慧(ちえ)－ 諺(ことわざ)(인류의 지혜－속담)

同病相憐(どうびょうあいあわ)れむ(동병상련)

같은 괴로움으로 번민하는 사람들은 서로 동정하는 마음이 깊다는 뜻.
이익을 쫓고 있는 사람들끼리는 서로 미워하지만,
고생하는 사람들끼리는 서로 친해진다.

～における

명사＋における (～에 있어서의)

어떠한 경우에 있어서의, 또는 무엇 무엇에 대한이라는 의미를 나타낼 때의 표현이다.

先生は韓国の中年女性における意識構造研究をなさっています。

선생님께서는 한국 중년여성에 있어서의 의식구조 연구를 하시고 계십니다.

私は今「川端康成『雪国』における女性」という論文の執筆中です。

나는 지금「가와바타 야스나리『설국』에 있어서의 여성」이라고 하는 논문을 집필중입니다.

小説における張さんの才能は実にすばらしいですよ。

소설에 있어서의 장 상의 재능은 실로 훌륭합니다.

한자읽기

中年(ちゅうねん)　意識(いしき)　構造(こうぞう)　執筆中(しっぴつちゅう)　才能(さいのう)　実(じつ)に

어휘

～における：～에 있어서의
中年(ちゅうねん)：중년
意識(いしき)：의식
構造(こうぞう)：구조
執筆中(しっぴつちゅう)：집필중
～中(ちゅう)：～중
才能(さいのう)：재능
実(じつ)に：실로

작 문 다음 문장을 일본어로 바꾸시오 정답 p.296

1. 작품세계에 있어서의 상징성에 대하여 논하시오.
⇨

2. 이것은 초등학교에 있어서의 교육시설에 대한 보고서입니다.
⇨

3. 외국문학에 있어서의 문제점에 대하여 생각하고 있습니다.

⇨

☆ 世界(せかい) : 세계　　象徴性(しょうちょうせい) : 상징성　　論(ろん)じる : 논하다　　小学校(しょうがっこう) : 초등학교　　教育(きょういく) : 교육
施設(しせつ) : 시설　　報告書(ほうこくしょ) : 보고서　　問題点(もんだいてん) : 문제점　　~点(てん) : ~점

人類(じんるい)の智慧(ちえ)－諺(ことわざ) (인류의 지혜－속담)

豆腐(とうふ)の皮(かわ)をむく(두부의 껍질을 벗긴다)

호사스러움의 극치를 말함. 호사스런 생활이 몸에 밴 사람들은 떡의 껍질을 벗겨 먹는다고 하는데, 호사스러움의 극치를 이룬 사람들은 한 발 더 나가서 두부의 껍질까지도 벗겨 먹겠다는 발상을 한다.

~はず

동사의 연체형・과거형 + はず (~<할・했을> 것<리・터>)

사물이 당연히 그리 되어야 할 것이라는 것과, 앞으로 일어날 사항의 예정 또는 과거에 있었던 일에 대한 화자의 확인하는 기분을 나타낼 때 쓰는 표현이다.

彼も義務教育は受けたからこれくらいは読めるはずです。
그도 의무교육은 받았으니까 이 정도는 읽을 수 있을 것입니다.

私もあの噂を聞いたはずなのに全然思い出せない。
나도 그 소문을 들었을텐데 전혀 생각해낼 수가 없다.

妹があんな所へ行くはずがありません。 여동생이 그런 데에 갈 리가 없습니다.

한자읽기

義務(ぎむ)　噂(うわさ)　全然(ぜんぜん)　思(おも)い出(だ)す

어휘

~はず : ~<할・했을> 것<리・터>
くらい : 쯤, 정도, 가량
義務(ぎむ) : 의무
噂(うわさ) : 소문, 풍문
全然(ぜんぜん) : 전연, 전혀
思(おも)い出(だ)す : 생각해 내다, 생각하다

작 문　다음 문장을 일본어로 바꾸시오

정답 p.296

1. 그는 여기에 올 리가 없습니다.
⇨
2. 당신이 이 책을 읽었을 리가 없습니다.
⇨
3. 그는 거기에 가 있을 것입니다.
⇨

~つもり

동사의 연체형 + つもり (~<할> 생각)
동사의 과거형 + つもり (~<했>다고 생각, ~<한> 셈)

생각이나 작정, 그리고 무엇인가를 실제로는 하지 않았는데 한 셈치는 경우에 쓰는 표현이다.

あなたはいつ帰国するつもりですか。당신은 언제 귀국할 생각입니까?
結婚までするつもりはありませんでしたが、彼を愛しているので先月結婚しました。
결혼까지 할 생각은 없었습니다만, 그를 사랑하고 있기에 지난 달에 결혼했습니다.
確かにいつか彼女に会ったつもりですが、よく思い出せません。
분명히 언젠가 그녀를 만났다고 생각하는데, 잘 생각이 나지 않습니다.
酒でも飲んだつもりでこれを買いました。술이라도 마신 셈치고 이것을 샀습니다.

한자읽기

帰国(きこく)　愛(あい)する　先月(せんげつ)　確(たし)かだ　酒(さけ)

어휘

~つもり : ~<할> 생각, ~<했>다고 생각, ~<한> 셈
帰国(きこく) : 귀국
愛(あい)する : 사랑하다
先月(せんげつ) : 지난 달
確(たし)かだ : 확실하다, 분명하다, 틀림없다
酒(さけ) : 술

주요문법

「~つもり」는 다음과 같이 쓰이기도 한다.

明日行きますからそのつもりでいてください。(내일 갈테니까 그리 알고 있어 주세요.)
怒らないでください。冗談のつもりで言ったんです。
(화내지 말아 주세요. 농담으로 말한 겁니다.)

自分ではいくら<u>正しい</u>つもりでも、私からみればそうじゃないんですよ。

(자기로서는 아무리 바르다고 생각해도 내 입장에서 보면 그렇지 않아요.)

☆ 冗談(じょうだん) : 농담

작 문 다음 문장을 일본어로 바꾸시오

정답 p.296

1. 나도 다음 주에는 일본에 갈 생각입니다.

⇨

2. 영화라도 본 셈치고, 서점에 가서 책을 샀습니다.

⇨

3. 분명히 여기에 놓았다고 생각하는데, 아무리 찾아도 없군요.

⇨

~とのことだ

인용될 수 있는 말＋とのことだ (~라고 한다)

말을 전할 때 쓰는 표현이다.

来週国の家族が避暑しに来るとのことです。

다음 주에 고향의 가족이 피서하러 온다고 합니다.

北の方では酷い寒さのため被害が大きかったとのことです。

북쪽에서는 심한 추위 때문에 피해가 컸다고 합니다.

今図書館は静かだとのことですから, **はやく行きましょう**。

지금 도서관은 조용하다고 하니까 빨리 갑시다.

한자읽기

国(くに)　避暑(ひしょ)　寒(さむ)さ　被害(ひがい)　酷(ひど)い

어휘

~とのことだ : ~ 라고 한다　　国(くに) : 나라, 고향, 고국
避暑(ひしょ) : 피서　　寒(さむ)さ : 추위
被害(ひがい) : 피해　　酷(ひど)い : 심하다

주요문법

편지의 답장에서는「~とのことだ」(~라고 한다)를 다음과 같이 응용하여 쓰기도 한다.

本を送ってくださるとのこと、ありがとうございます。(책을 보내 주신다는 말씀 감사합니다.)
合格なさったとのこと、嬉しく思っております。(합격하셨다는 말씀 기쁘게 생각하고 있습니다.)

☆ 合格(ごうかく) : 합격　嬉(うれ)しい : 기쁘다

작 문 다음 문장을 일본어로 바꾸시오

정답 p.296

1. 내년에는 물가가 더욱더 오른다고 합니다.

⇨

2. 고향의 부모(님)은 건강히 계시다고 합니다.

⇨

3. 신문에 의하면 어제 서울에서 큰 사고가 있었다고 합니다.

⇨

☆ さらに : 보다 더 , 더욱더, 다시금, 그 위에　上(あ)がる : 오르다, 올라오다
元気(げんき)だ : 건강하다, 활력이 넘치다

人類(じんるい)の智慧(ちえ)－ 諺(ことわざ)(인류의 지혜－속담)

吐(は)いた唾(つば)は呑(の)めぬ(뱉은 침은 삼킬 수 없다)

말은 일단 하고 나면 취소할 수가 없다는 뜻. 말조심하라는 가르침.

칼로 입은 상처는 낫지만, 혀로 입은 인격의 상처는 낫지 않는다.

～のも なんですから

동사의 연체형 + のもなんですから
(～<하>는 것도 무엇하니까)

어떠 어떠하게 하는 것은 그다지 좋지 않으니까 이렇게 하자는 의견을 제시할 때 쓰는 표현이다.

着実な彼を辞めさせるのもなんですから、減員の計画は取り消してください。
착실한 그를 그만두게 하는 것도 무엇하니까 감원의 계획은 취소해 주세요.

大切なことを電話で話すのもなんですから会いましょう。
중요한 것을 전화로 이야기하는 것도 무엇하니까 만납시다.

日曜日なのに勉強ばがりするのもなんですから、映画でも見に行きましょう。
일요일인데도 공부만 하는 것도 무엇하니까 영화라도 보러 갑시다.

한자읽기

着実(ちゃくじつ)だ　辞(や)める　減員(げんいん)　計画(けいかく)　取(と)り消(け)す

어휘

～のもなんですから：～ <하>는 것도 무엇하니까
着実(ちゃくじつ)だ：착실하다　辞(や)める：그만두다
減員(げんいん)：감원　計画(けいかく)：계획
取(と)り消(け)す：취소하다

작 문　다음 문장을 일본어로 바꾸시오

정답 p.296

1. 혼자 가는 것도 무엇하니까 같이 갑시다.
⇨

2. 사과만 먹는 것도 무엇하니까 배도 먹읍시다.
⇨

3. 그런 일을 하는 것도 무엇하니까 그만두어 주세요.

⇨

4. 공부만 하는 것도 뭣하니까 좀 쉽시다.

⇨

人類(じんるい)の智慧(ちえ)－諺(ことわざ)(인류의 지혜－속담)

吐(は)いた唾(つば)を呑(の)む(뱉은 침을 삼킨다)

일단 말해 놓고 그런 적이 없다고 부정한다는 뜻.

～なら

동사・형용사의 종지형 + なら (~<한>다면)
명사・형용동사의 어간 + なら (~이라면・~라면)

가정이나 조건을 나타내는 표현이다.

引っ越しを<u>する</u>なら私も手伝いますよ。 이사를 한다면 나도 돕겠어요.
人形が<u>ほしい</u>なら買って上げましょう。 인형을 가지고 싶다면 사 주지요.
<u>わたし</u>ならそんなことはしません。 나라면 그런 일은 하지 않을 것입니다.
ここが<u>不便</u>ならほかのホテルを捜してみましょう。
여기가 불편하다면 다른 호텔을 찾아봅시다.

한자읽기

引(ひ)っ越(こ)し　手伝(てつだ)う　人形(にんぎょう)　捜(さが)す

어휘

~なら : ~ <하려·라>면
引(ひ)っ越(こ)し : 이사
手伝(てつだ)う : 돕다
人形(にんぎょう) : 인형
捜(さが)す : 찾다

작 문　다음 문장을 일본어로 바꾸시오

정답 p.296

1. 당신이 간다면 나도 가겠습니다.
⇨
2. 춥다면 춥다고 말해 주세요.
⇨
3. 산이라면 白頭山이지요.
⇨
4. 그렇게 불안하다면 가지 않는 게 좋겠지요.
⇨

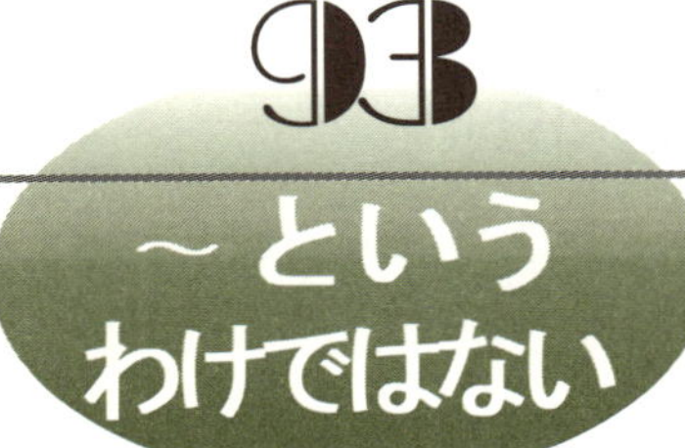

93 ~というわけではない

인용될 수 있는 말＋というわけではない
(~라는 것은 아니다.)

특별히 그러하다는 것이 아니라는 의미의 말을 할 때 쓰는 표현이다.

給料を払わないというわけではありませんから、誤解しないでください。
급료를 지급하지 않는다는 것은 아니니까 오해하지 말아 주세요.

私一人で彼女に会いに行くというわけではありません。
나 혼자서 그녀를 만나러 간다는 것은 아닙니다.

ここがいつも静かだというわけではない。 여기가 항상 조용하다는 것은 아니다.

한자읽기

給料(きゅうりょう)　払(はら)う　誤解(ごかい)

어휘

~というわけではない : ~라는 것은 아니다　給料(きゅうりょう) : 급료, 봉급
払(はら)う : 제거하다, 지불하다　誤解(ごかい) : 오해

작 문 다음 문장을 일본어로 바꾸시오

정답 p.296

1. 나는 고기를 싫어한다는 것은 아니지만 야채 쪽을 더 좋아합니다.
⇨
2. 나 혼자서 그녀를 만나겠다는 것은 아니니까 오해하지 마세요.
⇨
3. 절대로 만나지 않겠다는 것은 아닙니다.
⇨

☆ 野菜(やさい) : 야채　絶対(ぜったい)に : 절대로

~わけにはいかない

동사의 연체형 + わけにはいかない (~<할> 수는 없다)
동사의 부정형 + わけにはいかない
(~<하>지 않을 수 없다)

어떠 어떠한 조건이나 이유 때문에 어찌 어찌할 수는 없다던가, 하지 않을 수 없다고 하는 의미를 나타낼 때 쓰는 표현이다.

明日が試験だから遊んでいるわけにはいかない。 내일이 시험이니까 놀고 있을 수는 없다.

私は韓国人ですから、2、3日の休みだからといって、そう簡単に国に帰るわけにはいきません。

나는 한국인이니까 2, 3일의 휴일이라 하여 그렇게 간단히 고국에 돌아갈 수는 없습니다.

祖父が亡くなったので、いくら忙しいといっても、帰らないわけにはいきません。

할아버지가 돌아가셨으니까, 아무리 바쁘다 해도 돌아가지 않을 수 없습니다.

明日が試験だから勉強しないわけにはいかない。

내일이 시험이니까 공부하지 않을 수 없다.

한자읽기

祖父(そふ)　簡単(かんたん)　亡(な)くなる　忙(いそが)しい　帰(かえ)る

어휘

~わけにはいかない : ~<할> 수는 없다, ~ <하>지 않을 수 없다
祖父(そふ) : 조부, 할아버지
簡単(かんたん)だ : 간단하다
亡(な)くなる : 작고하다, 돌아가시다, 죽다
忙(いそが)しい : 바쁘다
帰(かえ)る : 돌아가다, 돌아오다

작 문

다음 문장을 일본어로 바꾸시오 정답 p.296

1. 거기에 혼자서 갈 수는 없다.

⇨

2. 오해 받고 있으니까 그녀를 만날 수는 없습니다.

⇨

3. 「만나 주세요」라고 하는 말을 들었으니까, 만나지 않을 수 없습니다.

⇨

4. 내일이 휴일이니까 가지 않을 수 없습니다.

⇨

人類の智慧－諺(인류의 지혜－속담)

類は友を呼ぶ(동류는 친구를 부른다)

마음이 맞는 사람들끼리는 서로 모이게 된다는 뜻.

<유유상종, 끼리끼리 모인다>

~おそれがある

동사의 연체형 + おそれがある（~<할> 염려가 있다）

명사 + のおそれがある（~의 염려가 있다）

나쁜 일이 일어날지도 모른다고 하는 의미를 나타낼 때 쓰는 표현이다.

雨の時には交通事故に<u>遭う</u>おそれがあるから気を付けて運転してください。

비가 올 때에는 교통사고를 만날 우려가 있으니까 조심하여 운전해 주세요.

おなかを<u>こわす</u>おそれがあるから食べ過ぎは禁物です。

배탈이 날 우려가 있으니까 과식은 금물입니다.

気を付けなければ、<u>失敗</u>のおそれがあります。조심하지 않으면 실패의 우려가 있어요.

한자읽기

食(た)べ過(す)ぎる　食(た)べ過(す)ぎ　禁物(きんもつ)　気(き)を付(つ)ける

어휘

~おそれがある：~<할> 우려가 있다

~のおそれがある：~의 우려가 있다

雨(あめ)の時(とき)：비가 내릴 때

食(た)べ過(す)ぎる：과식하다, 너무 먹다

食(た)べ過(す)ぎ：과식

禁物(きんもつ)：금물

気(き)を付(つ)ける：조심하다, 주의하다

遭(あ)う：만나다

おなかを こわす：배탈나다

주요문법

「~おそれがある」(~<할·의> 염려가 있다)는 다음과 같이 활용하여 표현할 수 있다.

事故に<u>遭う</u>おそれがない。（사고를 만날 염려가 없다.）

事故に<u>遭う</u>おそれはある<ない>。（사고를 만날 염려는 있다<없다>.）

<u>落選</u>のおそれもある<ない>。（낙선의 염려도 있다<없다>.）

☆ 落選(らくせん)：낙선

작 문 다음 문장을 일본어로 바꾸시오

정답 p.297

1. 내일은 비가 내릴 염려가 있습니다.
   ⇨
2. 그러나 바람이 불 염려는 없습니다.
   ⇨
3. 넘어질 염려는 없지만, 주의하시오.
   ⇨
4. 실패할 염려도 없는데 왜 걱정합니까?
   ⇨

☆ 転ぶ(ころぶ) : 넘어지다

人類(じんるい)の智慧(ちえ)－諺(ことわざ) (인류의 지혜－속담)

一(いち)に看病(かんびょう)二(に)に薬(くすり)(첫 째는 간병 둘 째는 약)

병을 고치는 데에는 약의 효과가 크지만,
그보다도 정성어린 간병의 효과가 더 크다.

~ものの

동사의 연체형・과거형 + ものの
(~<한>다고는 하<했>지만・~<하>기는 했지만)

당연히 예상되는 사항이 존재하거나 성립되지 않음을 나타낼 때, 그리고 그 사물 내용이 복잡하여 간단하게 나타낼 수 없음을 나타낼 때 쓰는 표현이다.

可哀想とは<u>思う</u>ものの、彼の非常識な行為は許せませんでした。

가엾다고 생각하기는 하지만, 그의 몰상식한 행동은 용서할 수 없었습니다.

するとは<u>言った</u>ものの、本当にすることができるか疑問です。

한다고는 했지만, 정말로 할 수 있을지 의문입니다.

彼女に<u>会った</u>ものの、どうしたらいいかわからなくて困りました。

그녀를 만나기는 했지만, 어찌해야 좋을지 몰라 곤란했습니다.

한자읽기

可哀想(かわいそう)　非常識(ひじょうしき)　許(ゆる)す　疑問(ぎもん)

어휘

~ものの : ~<한>다고는 하<했>지만, ~<하>기는 했지만
可哀想(かわいそう)だ : 불쌍하다, 가엾다　　非常識(ひじょうしき)だ : 몰상식하다
行為(こうい) : 행위　　許(ゆる)す : 용서하다, 허용하다
疑問(ぎもん) : 의문

주요문법

「~ものの」(~<한>다고는 하<했>지만·~<하>기는 했지만)는 다음과 같이 쓰이는 경우도 더러 있다.

体は<u>大きい</u>ものの、あまり体力はありません。(몸집은 크다고 하나, 체력은 그다지 없습니다.)

早く手当てをしたからいいようなものの、手遅れになるところだった。(빨리 치료를 했으니 망정이지, 때를 놓칠 뻔했다.)

☆ 体力(たいりょく) : 체력　手当て(てあ) : 준비, 수당, 응급치료　手遅れ(ておく) : 때를 놓침

작 문　다음 문장을 일본어로 바꾸시오

정답 p.297

1. 대학은 나왔다고 하지만, 취직이 되지 않습니다.
⇨

2. 공부는 했다고는 하지만, 자신은 없습니다.
⇨

3. 가겠다고는 했지만 갈 수 있을지 모르겠습니다.
⇨

☆ 就職(しゅうしょく) : 취직

~ような気がする

동사 · 형용사 · 형용동사의 연체형 + ような気がする (~<할> 것 같은 생각이 든다.)

명사 + のような気がする (~ 인 것 같은 생각이 든다.)

예상되는 생각을 나타낼 때 쓰는 말이다.

彼も来年には<u>結婚する</u>ような気がします。그도 내년에는 결혼할 것 같은 생각이 듭니다.

この教科書は<u>難しい</u>ような気がします。이 교과서는 어려울 것 같은 생각이 듭니다.

あの事件は<u>複雑な</u>ような気がします。그 사건은 복잡한 것 같은 생각이 듭니다.

このカメラは私が盗まれた<u>もの</u>のような気がします。

이 카메라는 내가 도둑맞은 것인 것 같은 생각이 듭니다.

한자읽기

教科書(きょうかしょ)　複雑(ふくざつ)　盗(ぬす)まれる　気(き)がする

어휘

~ような気(き)がする : ~ <할> 것 같은 생각이 들다

~のような気(き)がする : ~인 것 같은 생각이 들다

教科書(きょうかしょ) : 교과서　　複雑(ふくざつ)だ : 복잡하다

盗(ぬす)まれる : 도둑맞다(「盗(ぬす)む」 <훔치다, 도둑질하다>의 수동형)

주요문법

「~<하>지 않을 것 같은 생각이 들다」라는 의미의 표현은 「동사·형용사·형용동사의 미연형 + ないような気がする」로, 「~이 아닌 것 같은 생각이 들다」라는 의미의 표현은 「명사 + ではないような気がする」로 하면 된다.

<u>結婚し</u>ないような気がします。(결혼하지 않을 것 같은 생각이 듭니다.)

<u>難しく</u>ないような気がします。(어렵지 않을 것 같은 생각이 듭니다.)

複雑ではないような気がします。(복잡하지 않을 것 같은 생각이 듭니다.)

盗まれたものではないような気がします。(도둑맞은 것이 아닌 것 같은 생각이 듭니다.)

작 문 다음 문장을 일본어로 바꾸시오

정답 p.297

1. 그도 내일은 갈(가지 않을) 것 같은 생각이 듭니다.

⇨

2. 내일은 추울(춥지 않을) 것 같은 생각이 듭니다.

⇨

3. 도서관은 지금 조용할(조용하지 않을) 것 같은 생각이 든다.

⇨

4. 저 여행객들은 일본인인(일본인이 아닌) 것 같은 생각이 드는군요.

⇨

~にかけては

명사 + にかけては (~로 말할 것 같으면)

무엇 무엇에 있어서는 무엇 무엇이 제일이라고 하는 의미를 나타낼 때 쓰는 표현이다.

環境問題にかけては金さんにおよぶ者はいないと思います。

환경문제로 말할 것 같으면 김 상보다 나은 자는 없다고 생각합니다.

彼は川端康成の研究にかけてはだれにも負けないと思います。

그는 가와바타 야스나리의 연구로 말할 것 같으면 누구에게도 지지 않는다고 생각합니다.

焼き物にかけては沈寿官が最高だと言われています。

도자기로 말할 것 같으면 심수관이 최고라고들 합니다.

한자읽기

環境(かんきょう)　川端康成(かわばたやすなり)　焼(や)き物(もの)　最高(さいこう)

어휘

~にかけては : ~로 말할 것 같으면　環境(かんきょう) : 환경

川端康成(かわばたやすなり) : 일본의 소설가(노벨 문학상 수상 작가임)

焼(や)き物(もの) : 도자기, 도예품

沈寿官(ちんじゅかん) : 한국인 혈통의 일본 최고의 도예가

最高(さいこう) : 최고

작문 다음 문장을 일본어로 바꾸시오 정답 p.297

1. 일본어 실력으로 말할 것 같으면 그 보다 좋은 사람은 없으리라 생각합니다.
   ⇨
2. 시계 기술로 말할 것 같으면 그가 최고라고 생각합니다.
   ⇨

3. 테니스로 말할 것 같으면 그는 누구에게도 지지 않는다고 생각합니다.

⇨

人類の智慧－諺(인류의 지혜－속담)

市に虎あり(시장에 호랑이가 있다)

한 사람이 호랑이가 있다고 하면 믿지 않지만, 여러 사람이 말하면 믿게 된다. 근거없는 말이라 할지라도 여러 사람이 말하면 믿게 된다고 하는 뜻.

～とちがって

명사 + とちがって (～와 달라)

둘을 비교하여 전자와 후자의 다른 점을 나타낼 때 쓰는 표현이다.

人間は動物とちがって、言葉を持っているばかりではなく、文化というものも持っています。

인간은 동물과 달라 말을 가지고 있을 뿐 아니라, 문화라고 하는 것도 가지고 있습니다.

彼はあなたとちがって、非常に愚かなところがあります。

그는 당신과 달라 매우 어리석은 데가 있습니다.

小説は詩とちがってストーリー性を大切に考えます。

소설은 시와 달라 스토리성을 소중히 생각합니다.

한자읽기

非常(ひじょう)に　愚(おろ)かだ　詩(し)　～性(せい)

어휘

～とちがって：～와 달라, ～와 달리
愚(おろ)かだ：어리석다, 미련하다
ストーリー：스토리
非常(ひじょう)に：매우, 대단히
詩(し)：시
～性(せい)：～성

작 문　다음 문장을 일본어로 바꾸시오

정답 p.297

1. 민들레꽃은 장미꽃과 달라 생명력이 느껴집니다.
   ⇨
2. 일본요리는 한국요리와 달라 담백합니다.
   ⇨
3. 그림은 사진과 달라 예술성이 풍부합니다.
   ⇨

4. 朴 상은 金 상과 달라 일본어를 잘 합니다.

⇨

☆ たんぽぽ : 민들레　生命力 : 생명력　感じる : 느끼다

淡白だ : 담백하다　芸術性 : 예술성　~が上手だ : ~을 잘하다

人類の智慧－ 諺 (인류의 지혜－속담)

一枚の紙にも裏表(한 장의 종이에도 앞과 뒤)

간단히 보이는 것이라도 사실은 복잡하다고 하는 뜻.

하물며 인간의 마음이 어찌 겉과 속이 같으랴.

100 ~によってちがう

명사 + によってちがう (~에 따라 다르다)

여러 가지가 그러하듯, 이 또한 경우에 따라 다르다고 하는 것을 나타낼 때 쓰는 표현이다.

性格も人によってちがいます。성격도 사람에 따라 다릅니다.

経済の発展も国によってちがう。경제의 발전도 나라에 따라 다르다.

建築様式も住宅団地によってちがいます。건축양식도 주택단지에 따라 다릅니다.

한자읽기

性格(せいかく)　経済(けいざい)　発展(はってん)　建築(けんちく)　様式(ようしき)　住宅(じゅうたく)　団地(だんち)

어휘

~によってちがう：~에 따라 다르다
性格(せいかく)：성격
経済(けいざい)：경제
発展(はってん)：발전
建築(けんちく)：건축
様式(ようしき)：양식
住宅(じゅうたく)：주택
団地(だんち)：단지

작 문　다음 문장을 일본어로 바꾸시오

정답 p.297

1. 가정교육도 집에 따라 다르다.

⇨

2. 문장도 작가에 따라 다릅니다.

⇨

3. 문제는 선생님에 따라 다르다.

⇨

101 ～が上手だ

명사 + ～が上手だ (～을 잘하다 · ～이 능숙하다)

무엇 무엇이 능숙하다는 것을 나타낼 때 쓰는 표현이다.

崔さんは通訳が上手です。 최 상은 통역을 잘합니다.
山田さんの奥さんは料理が上手です。 야마다 상의 부인은 요리를 잘합니다.
森さんはピアノの演奏が上手ではありません。 모리 상은 피아노 연주를 잘 하지 못합니다.

한자읽기

通訳(つうやく)　上手(じょうず)だ　山田(やまだ)　奥(おく)さん　演奏(えんそう)

어휘

～が上手(じょうず)だ : ～을 잘하다, ～이 능숙하다
上手(じょうず)だ : 잘하다, 능숙하다　　通訳(つうやく) : 통역
山田(やまだ) : 야마다(일본 성씨의 하나)　　奥(おく)さん : 부인
演奏(えんそう) : 연주

주요문법

「～が上手だ」 대신 「～がうまい」라고 해도 말의 의미는 별로 달라지지 않는다.

通訳がうまいです。 (통역을 잘합니다.)
料理がうまいです。 (요리를 잘합니다.)
演奏がうまいです。 (연주를 잘합니다.)

「～을 잘못하다·～이 서투르다」라는 표현은 「～が下手(へた)だ」라고 하면 된다.

崔さんは通訳が下手です。(최 상은 통역이 서투릅니다.)

山田さんの奥さんは料理が下手です。(야마다 상의 부인은 요리가 서투릅니다.)

森さんはピアノの演奏が下手です。(모리 상은 피아노 연주가 서투릅니다.)

작 문　다음 문장을 일본어로 바꾸시오

정답 p.297

1. 그는 노래를 잘합니다<잘하지 못합니다>.

⇨

2. 그녀는 글씨를 잘 씁니까<잘 쓰지 못합니까>?

⇨

3. 당신은 테니스를 잘합니까<잘 하지 못합니까>?

⇨

102 ～をはたす

명사 + をはたす (~을 다하다 · ~을 달성하다 · ~을 완수하다 · ~을 이행하다 · ~을 해내다)

의무나 역할 등을 다하거나 소원 등을 이룬다고 하는 의미를 나타내는 표현이다.

私は伝導の使命をはたすためにこのアフリカまで来ました。
나는 전도의 사명을 다하기 위해 이 아프리카까지 왔습니다.

あなたは韓国に来た目的をはたしましたね。당신은 한국에 온 목적을 달성했군요.

君は自分の責任をはたしなさい。자네는 자신의 책임을 완수하게.

使命をはたすために努力している人々に会うと信頼感が涌いてきます。
사명을 이행하기 위하여 노력하고 있는 사람들을 만나면 신뢰감이 솟아납니다.

彼女は見事に主役をはたしました。그녀는 훌륭하게 주역을 해냈습니다.

한자읽기

伝導(でんどう)　使命(しめい)　目的(もくてき)　責任(せきにん)　信頼感(しんらいかん)　涌(わ)く　見事(みごと)だ　主役(しゅやく)

어휘

～をはたす : ~을 다하다, ~을 달성하다, ~을 완수하다, ~을 이행하다, ~을 해내다
伝導(でんどう) : 전도
使命(しめい) : 사명
目的(もくてき) : 목적
責任(せきにん) : 책임
信頼感(しんらいかん) : 신뢰감
涌(わ)く : 솟다, 솟아나다
見事(みごと)だ : 훌륭하다, 멋지다, 뛰어나다
主役(しゅやく) : 주역

작 문 다음 문장을 일본어로 바꾸시오 정답 p.297

1. 자기의 역할을 다하는 사람이 되시오.
⇨

2. 그녀는 자기의 염원을 이루기 위하여 노력하였습니다.

⇨

3. 그는 자기의 책임을 다하는 사람이었습니다.

⇨

☆ 役割(やくわり) : 역할　　念願(ねんがん) : 염원

人類(じんるい)の智慧(ちえ)― 諺(ことわざ)(인류의 지혜－속담)

剃刀(かみそり)と奉公人(ほうこうにん)は使(つか)いよう(면도와 고용인은 다루기 나름)

다루는 방법에 따라 효과가 크게 차이가 난다는 비유.

103 ～とはかぎらない

인용될 수 있는 말＋とはかぎらない
(～라 <한다>고 만은 할 수 없다)

어떠한 한 가지에만 한정된다고는 할 수 없다고 하는 의미를 나타낼 때 쓰이는 표현이다.

彼が今度も失敗するとはかぎりません。그가 이번에도 실패한다고 만은 할 수 없습니다.

痩せている人が、体が弱いとはかぎりません。
마른 사람이 몸이 약하다고 만은 할 수 없습니다.

図書館だから静かだとはかぎりません。도서관이니까 조용하다고 만은 할 수 없습니다.

金持ちが幸福な人だとはかぎりません。부자가 행복한 사람이라고 만은 할 수 없습니다.

한자읽기

痩(や)せる　弱(よわ)い　金持(かねも)ち

어휘

～とはかぎらない：～라 <한다>고 만은 할 수 없다
痩(や)せる：여위다, 마르다, 살이 빠지다　弱(よわ)い：약하다, 희미하다, 가냘프다
金持(かねも)ち：부자

작 문　다음 문장을 일본어로 바꾸시오

정답 p.297

1. 그만이 나쁘다고 만은 할 수 없습니다.
⇨
2. 내가 가지 않으면 안된다고 만은 할 수 없습니다.
⇨
3. 여기만이 안전하다고 만은 할 수 없습니다.
⇨

104 ~みたいだ

동사・형용사의 연체형・과거형 + みたいだ (~<하는・한> 것 같다)
명사・형용동사의 어간 + みたいだ (~인<한> 것 같다)

어떠한 것이 다른 것과 비슷함을 나타내거나 어떠한 것을 예시로 나타낼 때, 그리고 불확실한 단정 및 추정을 나타낼 때 쓰는 표현이다.

今度の会議には野村さんも参席するみたいです。
이번 회의에는 노무라 상도 참석하는 것 같습니다.

彼女はこの頃忙しいみたいです。그녀는 요즈음 바쁜 것 같아요.

玄関にだれか来たみたいですね。현관에 누군가 온 것 같군요.

彼女は昨日本当に忙しかったみたいですよ。그녀는 어제 정말로 바빴던 것 같아요.

豚みたいに太っている人が彼ですよ。돼지처럼 뚱뚱한 사람이 그이예요.

彼はこの頃ちょっと大変みたいです。그는 요즈음 좀 어려운 것 같아요.

한자읽기

参席(さんせき)　忙(いそが)しい　玄関(げんかん)　豚(ぶた)　太(ふと)る　大変(たいへん)だ

어휘

~みたいだ : ~<하는·한> 것 같다, ~인<한> 것 같다

参席(さんせき) : 참석
忙(いそが)しい : 바쁘다
玄関(げんかん) : 현관
豚(ぶた) : 돼지
太(ふと)る : 살찌다
大変(たいへん)だ : 큰 일이다, 어렵다

작 문 다음 문장을 일본어로 바꾸시오 정답 p.297

1. 그는 아무 것도 모르는 것 같다.

⇨

2. 지금 밖은 비가 내리고 있는 것 같군요.

⇨

3. 그는 놀부(ノルブ) 같군요.

⇨

人類の智慧－諺(인류의 지혜－속담)

亀の年を鶴が羨む(거북이의 나이를 학이 부러워한다)

「학은 천년 거북이는 만년(鶴は千年亀は万年)」이라고 하는데,
천년이나 산다고 하는 학이 거북이의 장수를 부러워한다고 하는 뜻으로,
인간의 욕심은 한이 없다고 하는 비유.

105 ～がゆえに

동사・형용사의 연체형・과거형 + がゆえに
(～<하・했으>므로)
명사 + のゆえに (～때문에)

이유를 나타내는 표현이다.

水は流れて行くがゆえに腐らない。 물을 흘러가므로 썩지 않는다.

人間は禁断の木の実を食べたがゆえに、生まれる時から罪を背負うことになった。
인간은 금단의 나무의 열매를 먹었으므로, 태어날 때부터 죄를 짊어지게 되었다.

新幹線は速いがゆえに大勢の人に利用される。 신칸센은 빠르므로 많은 사람에게 이용된다.

昨日は寒かったがゆえに外出しなかったのです。
어제는 추웠으므로 외출하지 않은 것입니다.

私は少年時代貧困のゆえに学校へ行けなかったのです。
나는 소년시절 빈곤 때문에 학교에 갈 수 없었습니다.

한자읽기

腐(くさ)る　禁断(きんだん)　実(み)　生(う)まれる　背負(せお)う　利用(りよう)　時代(じだい)　貧困(ひんこん)

어휘

~がゆえに : ~<하·했으>므로
~のゆえに : ~때문에
腐(くさ)る : 썩다
禁断(きんだん) : 금단
実(み) : 열매, 씨, 알맹이
生(う)まれる : 태어나다, 출생하다
背負(せお)う : 짊어지다, 등에 업다
利用(りよう) : 이용
時代(じだい) : 시대
貧困(ひんこん) : 빈곤

주요문법

「~ゆえに」의 「に」를 생략하여 「~ゆえ」로 표현하기도 한다.

明日日本へ行きたいと思いますゆえ、よろしくお願い致します。

(내일 일본에 가겠으므로 잘 부탁합니다.)

ご注文のものができましたゆえ、お届け致します。

(주문하신 것이 다되었으므로 배달해 드리겠습니다.)

☆ よろしく : 적당히, 좋도록, 잘　致(いた)す :「する」(하다)의 겸양어　注文(ちゅうもん) : 주문
できる : 만들어지다, 다되다　届(とど)ける : 보내다, 보내 주다, 배달하다

「그러므로」라는 접속사로 쓰일 때에는 「ゆえに・それゆえ」라고 표현한다.

私は韓国人である。ゆえに韓国の法律に従わなければならない。

(나는 한국인이다. 그러므로 한국의 법률에 따르지 않으면 안된다.)

私は風邪を引きました。それゆえ休みたいと思います。

(저는 감기가 들었습니다. 그러므로 쉬고 싶습니다.)

☆ 法律(ほうりつ) : 법률　従(したが)う : 따르다, 좇다

작 문　다음 문장을 일본어로 바꾸시오

정답 p.297

1. 강한 바람이 불었으므로 나무가 쓰러졌습니다.
⇨
2. 꽃은 아름다우므로 사람들에게 사랑받는다.
⇨
3. 이번은 당신의 부주의 때문에 실패했습니다.
⇨
4. 너는 내 아들이다. 그러므로 사랑한다.
⇨

☆ 倒(たお)れる : 쓰러지다

106 ~だけで

명사 + だけで (~뿐으로)
동사의 연체형 · 과거형 + だけで (~<할 · 했을>뿐으로)

한정을 나타내는 표현이다.

私は日本語における漢字は読めるだけで書けません。
나는 일본어에 있어서의 한자는 읽을 수 있을 뿐으로 쓸 수 없습니다.

教材を買っただけで、勉強はしていません。
교재를 샀을 뿐으로 공부는 하고 있지 않습니다.

彼は黙っているだけで話そうとはしません。
그는 침묵하고 있을 뿐으로 이야기하려 하지 않습니다.

彼女に会っただけで、その話はまだしていません。
그녀를 만났을 뿐으로 그 이야기는 아직 하지 않았습니다.

あそこにあったのは本だけで、その他は何もありませんでした。
거기에 있었던 것은 책뿐으로 그 외에는 아무 것도 없었습니다.

日本語が読めたのは彼だけで、他にはだれもいませんでした。
일본어를 읽을 수 있었던 것은 그뿐으로, 그 외에는 아무도 없었습니다.

한자읽기

読(よ)める　書(か)ける　教材(きょうざい)　黙(だま)る

어휘

~だけで : ~<할·했을> 뿐으로
読(よ)める : 읽을 수 있다(「読む」<읽다>의 가능동사)
書(か)ける : 쓸 수 있다(「書く」<쓰다>의 가능동사)
教材(きょうざい) : 교재
黙(だま)る : 말을 하지 않다, 침묵하다

작 문 다음 문장을 일본어로 바꾸시오

정답 p.297

1. 다만 서울에 갔을 뿐으로 그녀는 만나지 않았습니다.

⇨

2. 바람이 불 뿐으로 춥지는 않습니다.

⇨

3. 내가 할 수 있는 외국어는 영어뿐으로, 일본어는 할 수 없습니다.

⇨

☆ ただ : 오직, 그저, 다만

人類(じんるい)の智慧(ちえ)－諺(ことわざ)(인류의 지혜－속담)

借(か)りて借(か)り得(どく)貸(か)して貸(か)し損(そん)(빌리면 빌린 득 빌려주면 빌려준 손해)

물건을 빌리고도 돌려주지 않고 끝나는 일도 있으므로 빌리는 것은 이익이 되지만, 빌려주는 것은 손해를 보는 일은 있어도 득이 되는 일은 없다.

107 ～だけ

동사・형용사・형용동사의 연체형 + だけ (~만큼)

정도를 나타내는 표현이다.

テニスは練習すれば<u>練習する</u>だけ上手になりますよ。

테니스는 연습하면 연습하는 만큼 능숙해져요.

あの人はお金がある時には<u>ある</u>だけ使ってしまう癖があります。

그 사람은 돈이 있을 때에는 있는 만큼 써버리는 버릇이 있습니다.

値段が高ければ<u>高い</u>だけ品質もいいのが普通ですよ。

값이 비싸면 비싼 만큼 품질도 좋은 게 보통이에요.

寒い時には<u>寒い</u>だけ暖かい着物を着なさい。추울 때에는 추운 만큼 따뜻한 옷을 입어요.

おいしいから<u>好きな</u>だけめしあがってください。

맛있으니까 먹고 싶은 만큼<좋아하는 만큼> 잡수세요.

安全なら<u>安全な</u>だけ値段も高いです。안전하면 안전한 만큼 값도 비쌉니다.

한자읽기

練習(れんしゅう)　品質(ひんしつ)　癖(くせ)　値段(ねだん)　普通(ふつう)　着物(きもの)　着(き)る

어휘

~だけ : ~만큼
練習(れんしゅう) : 연습
値段(ねだん) : 값
着(き)る : 입다
癖(くせ) : 습관, 버릇, 특징
普通(ふつう) : 보통
着物(きもの) : 옷, 기모노(일본 고유의 의상)

「だけ」(만큼)는「これ, それ, あれ, どれ」등과 함께 쓰여「これだけ」(이만큼),「それだけ」(그만큼),「あれだけ」(저만큼),「どれだけ」(얼마 만큼) 등으로 표현하기도 한다.

これだけあれば充分です。(이만큼 있으면 충분합니다.)

紙はどれだけ必要でしょう。(종이는 어느만큼 필요할까요?)

☆ 充分(じゅうぶん)だ : 충분하다　　紙(かみ) : 종이

작 문　다음 문장을 일본어로 바꾸시오　정답 p.298

1. 술을 마시면 마신 만큼 취한다.

⇨

2. 식품은 맛있으면 맛있는 만큼 값도 비쌉니다.

⇨

3. 조용하면 조용한 만큼 공부도 잘 됩니다.

⇨

☆ 酔(よ)う : 취하다

108 ~だけのことはある

동사・형용사・형용동사의 연체형・과거형 + だけのことはある
(~<하는・한> <만큼의> 보람<가치>은 있다)

어떠한 정도 만큼의 보람이나 가치가 있다고 하는 의미를 나타내는 표현이다.

行くだけのことはあると思います。가는 보람은 있다고 생각합니다.

いっしょうけんめい考えただけのことはあっていいアイディアが浮びました。
열심히 생각한 보람이 있어 좋은 아이디어가 떠올랐습니다.

女は美しければ美しいだけのことはあると思います。
여자는 아름다우면 아름다운 만큼의 가치는 있다고 생각합니다.

日本の事情に詳しかっただけのことはありました。
일본의 사정에 밝은 만큼의 가치는 있었습니다.

民主的なだけのことはあって、評判はとてもよかったです。
민주적인 만큼의 가치는 있어 평판은 무척 좋았습니다.

親切なだけのことはあります。친절한 만큼의 보람은 있습니다.

한자읽기

浮(うか)ぶ　事情(じじょう)　詳(くわ)しい　評判(ひょうばん)

어휘

~だけのことはある：~<하는·한> <만큼의> 보람<가치>은 있다
浮(うか)ぶ：뜨다, 떠오르다, 생각나다　事情(じじょう)：사정
詳(くわ)しい：자세하다, 상세하다　評判(ひょうばん)：평판

작 문 다음 문장을 일본어로 바꾸시오

정답 p.298

1. 이 약은 먹으면 먹는 보람이 있다고 생각합니다.
⇨
2. 이번 행사는 국제적이었던 만큼의 보람은 있었다고 생각합니다.
⇨
3. 강하면 강한 만큼의 보람은 있는 것입니다.
⇨

人類(じんるい)の智慧(ちえ)－諺(ことわざ)(인류의 지혜－속담)

木(き)に竹(たけ)を接(つ)ぐ(나무에 대를 접붙인다)

어울리지 않는 것을 억지로 성사시켜 앞뒤가 맞지 않게 된다고 하는 비유. 어울리지 않는 것. 접붙이기가 성공하기 위해서는 대목과 접목이 같은 종류여야 한다. 그런데 대는 보통의 나무와는 다르므로 나무와 대의 접붙이기는 불가능하다.

109 ~だけあって

동사・형용사・형용동사의 연체형・과거형 + だけあって
(~<하는・한><만큼의> 보람<가치가>이 있어)
명사 + だけあって (~답게)

어떠한 정도 만큼의 보람이나 가치가 있다고 하는 의미를 나타내는 표현이다.

金さんは日本に長くいるだけあって、日本語がとても上手ですよ。
김 상은 일본에 오래 있는 보람이 있어 일본어를 매우 잘해요.

彼はいっしょうけんめい研究しただけあって、よい論文を書きました。
그는 열심히 연구한 보람이 있어 좋은 논문을 썼습니다.

彼女は優しいだけあって、人々に好かれている。
그녀는 상냥하여(상냥한 보람이 있어) 사람들에게 호감을 사고 있다.

あの宝石は珍しかっただけあって、値段もとても高かったですよ。
그 보석은 진귀한 가치가 있어 값도 무척 비쌌어요.

この図書館は静かなだけあって、人気があります。
이 도서관은 조용하여(조용한 가치가 있어) 인기가 있습니다.

あの店は親切だっただけあって、非常に繁盛したんですよ。
그 상점은 친절했던 보람이 있어 굉장히 번창했던 거예요.

あの人はスポーツの選手だけあって、体格がいいです。
저 사람은 스포츠 선수답게 체격이 좋습니다.

あの先生は学者だけあって、素晴らしい人格である。
그 선생님은 학자답게 훌륭한 인격이다.

한자읽기

論文(ろんぶん)　優(やさ)しい　好(す)かれる　宝石(ほうせき)　店(みせ)　非常(ひじょう)に　繁盛(はんじょう)　素晴(すば)らしい　体格(たいかく)　人格(じんかく)

어휘

~だけあって : ~<하는·한> <만큼의> 보람<가치가>이 있어, ~답게

論文(ろんぶん) : 논문

優(やさ)しい : 다정하다, 온순하다

好(す)かれる : (「好く : 좋아하다, 마음에 들다, 호감이 가다」의 수동형)

宝石(ほうせき) : 보석

店(みせ) : 가게, 상점, 점포, 업소

非常(ひじょう)に : 매우, 무척

繁盛(はんじょう) : 번성, 번창

素晴(すば)らしい : 훌륭하다, 멋지다, 근사하다

スポーツ : 스포츠(sports)

選手(せんしゅ) : 선수

体格(たいかく) : 체격

人格(じんかく) : 인격

작 문 다음 문장을 일본어로 바꾸시오

정답 p.298

1. 그는 열심히 공부한 보람이 있어 시험에 합격했습니다.

   ⇨

2. 여기는 시원하여<시원한 보람이 있어> 일의 능률이 올랐다.

   ⇨

3. 이 시설은 편리한 보람이 있어 많은 사람이 이용했습니다.

   ⇨

110 ～だけに

동사・형용사・형용동사의 연체형・과거형 + だけに
(～<하니・했으니>만큼)
명사 + だけに (～이니만큼)
명사 + だった + だけに (～였던 만큼)

원인이 결과를 부름을 나타내는 표현이다.

年を取っているだけに、彼の病気はなかなかなおりにくい。
나이를 먹었으니 만큼, 그의 병은 좀처럼 낫기 어렵다.
苦労しただけに、人生の経験も積みました。 고생했으니 만큼 인생의 경험도 쌓았습니다.
彼女は心が美しいだけに、人々に認められています。
그녀는 마음이 아름다우니 만큼 사람들에게 인정받고 있습니다.
昨夜は寒かっただけに、風邪を引いてしまいました。
어젯밤은 추웠으니 만큼 감기가 들어 버렸습니다.
ここは静かなだけに、勉強に来る人が多いです。
여기는 조용하니 만큼 공부하러 오는 사람이 많습니다.
彼は親切だっただけに、人々に好かれていました。
그는 친절했으니 만큼 사람들에게 호감을 사고 있었습니다.
試験の前だけに、体に気を付けなさい。 시험 전이니 만큼 몸조심 하시오.
彼は偉大な学者だっただけに、亡くなった後も人々に尊敬されている。
그는 위대한 학자였던 만큼 죽은 뒤에도 사람들에게 존경받고 있다.

한자읽기

取(と)る　苦労(くろう)　積(つ)む　認(みと)められる　気(き)を付(つ)ける　偉大(いだい)　尊敬(そんけい)

어휘

～だけに：～<하니·했으니> 만큼, ～이니 만큼
取(と)る：(손에) 들다, (동물을) 잡다, (식사를)하다, (나이를)먹다
苦労(くろう)：고생, 수고　　積(つ)む：쌓다

認(みと)められる : 인정받다(「認める」<인정하다>의 수동형)
気(き)を付(つ)ける : 정신을 차리다, 조심하다
偉大(いだい)だ : 위대하다　　　尊敬(そんけい) : 존경

작 문　다음 문장을 일본어로 바꾸시오

정답 p.298

1. 그는 열심히 공부했으니 만큼 시험에 합격했다.
⇨

2. 신칸센은 빨랐으니 만큼, 빨리 도착했다.
⇨

3. 국제적이니 만큼, 이 도시에는 외국의 관광객이 많이 온다.
⇨

4. 정치가이니 만큼, 그는 영향력이 있다.
⇨

☆ 新幹線(しんかんせん) : 신칸센　觀光客(かんこうきゃく) : 관광객　政治家(せいじか) : 정치가　影響力(えいきょうりょく) : 영향력

111 ~うちに

동사・형용사・형용동사의 연체형 + うちに
(~<하>는 동안에, ~<하>기 전에), (~안<전>에)
명사 + のうちに
(~<하>는 동안에, ~<하>기 전에), (~안<전>에)

어떠 어떠하기 전이나 어떠한 동안, 사이에 해야 할 일을 해야한다는 의미의 말을 할 때 쓰는 표현이다.

働けるうちに働いておいた方がいい。 일할 수 있는 동안에 일해 두는 게 좋다.
寒くならないうちに冬の支度をしておきましょう。 추워지기 전에 겨울 준비를 해 둡시다.
安全なうちにここから逃げましょう。 안전한 동안에 여기에서 도망갑시다.
二、三日のうちにお尋ねいたします。 2, 3일 안에 찾아뵙겠습니다.

한자읽기

働(はたら)ける　支度(したく)　尋(たず)ねる　逃(に)げる

어휘

~うちに : ~<하>는 동안에, ~<하>기 전에, ~안<전>에
働(はたら)ける : 일할 수 있다(「働く」<일하다>의 가능동사)
支度(したく) : 준비, 채비　　逃(に)げる : 도망치다, 달아나다
尋(たず)ねる : 찾다, 더듬다, 묻다, 방문하다

작 문 다음 문장을 일본어로 바꾸시오 정답 p.298

1. 편지를 쓰고 있는 동안에 전화가 걸려 왔습니다.
⇨
2. 시원한 동안에 공부하세요.
⇨
3. 조용한 동안에 공부하겠습니다.
⇨

4. 일주일 안에 또 오겠습니다.

⇨

人類(じんるい)の智慧(ちえ)－諺(ことわざ)(인류의 지혜－속담)

天知(てんし)る地知(ちし)る我知(われし)る人知(ひとし)る(하늘이 알고 땅이 알고 내가 알고 남이 안다)

옛날 중국에서 있었던 일이다. 중앙정부에서 높은 관리가 출장왔을 때 지방의 관리가 밤에 은밀하게 찾아와서 「아무도 아는 사람이 없으니까」라며 뇌물을 내어놓았다. 그 때 중앙의 관리가 말했다고 전해 온 말인데, 아무도 모른다 생각해도 천지의 신들이 알고 있고 나도 알고 있다고 하는 뜻이다. 부정은 반드시 밝혀진다고 하는 비유.

112 ~だけではない

동사・형용사의 종지형, 형용동사의 연체형 + だけではない (~<할> 뿐만이 아니다)

명사 + だけではない (~뿐만이 아니다)

한정을 나타내며 이를 부정함으로써, 그 한정을 해소시키는 표현이다.

彼らは戦うだけではなく、平和のことまで考えています。

그들은 싸울 뿐만이 아니라, 평화에 대한 것까지 생각하고 있습니다.

今日は暑いだけではありません。湿気まで多いです。

오늘은 더울 뿐만이 아닙니다. 습기까지 많습니다.

彼女は顔がきれいなだけではなく、心も美しいです。

그녀는 얼굴이 예쁠 뿐만 아니라, 마음도 아름답습니다.

金さんだけではなく、杉さんも行きます。김 상뿐만 아니라 스기 상도 갑니다.

한자읽기

戦(たたか)う　平和(へいわ)　湿気(しっけ)

어휘

~だけではない : ~<할> 뿐만이 아니다, ~뿐만이 아니다

戦(たたか)う : 싸우다, 겨루다, 전쟁하다　平和(へいわ) : 평화

湿気(しっけ) : 습기

작 문 다음 문장을 일본어로 바꾸시오

정답 p.298

1. 그는 테니스를 할 뿐만이 아닙니다. 수영도 합니다.

⇨

2. 신칸센은 빠를 뿐만이 아니라 편리합니다.

⇨

3. 이 시설은 안전할 뿐만 아니라 편리합니다.

⇨

4. 가는 것은 나뿐만이 아니라 그도 갑니다.

⇨

☆ 水泳 : 수영

人類の智慧－諺(인류의 지혜－속담)

登竜門(등용문)

입신출세의 관문. 용문이란 중국 황하의 상류에 있는 급류로 잉어 같은 물고기가 통과하여 올라가면 용이 된다고 함.

113 ~たところだ

동사의 연용형 + たところだ (막~<했>다)

어떠한 동작이 지금 막 끝난 참이라는 것을 나타내는 표현이다.

森先生の講義は今終わったところです。 모리 선생님의 강의는 지금 막 끝난 참입니다.

課長は日本の出張から今帰って来たところですよ。

과장님은 일본 출장에서 지금 막 돌아온 참입니다.

私達一行は今金浦空港に着いたところです。

우리들 일행은 지금 막 김포공항에 도착한 참입니다.

한자읽기

講義(こうぎ)　課長(かちょう)　出張(しゅっちょう)　一行(いっこう)　着(つ)く

어휘

~たところだ : 막 ~<했>다
講義(こうぎ) : 강의
課長(かちょう) : 과장<님>
出張(しゅっちょう) : 출장
一行(いっこう) : 일행
着(つ)く : 도착하다, 닿다

작 문 다음 문장을 일본어로 바꾸시오 정답 p.298

1. 나도 지금 막 식사를 한<끝낸> 참입니다.

⇨

2. 종이 울린 참에 그는 왔습니다.

⇨

3. 여보세요, 저 지금 막 서울역에 도착한 참입니다.

⇨

☆ 鐘(かね) : 종　鳴(な)る : 소리가 나다, 울리다　もしもし : 여보세요

114 ~ところだ

동사의 연체형 + ところだ (~<하>려는 참이다)

어떠한 동작이 지금 막 시작되려는 참이라는 것을 나타내는 표현이다.

今出掛けようとするところに、金さんから電話がかかってきました。
지금 막 외출하려는 참에 김 상에게서 전화가 걸려 왔습니다.

これから杉さんに会いに行くところでした。
이제부터 스기상을 만나러 가려는 참이었습니다.

今ちょうど会議が始まるところです。 지금 마침 회의가 시작되려는 참입니다.

한자읽기

出掛(でか)ける　会議(かいぎ)　始(はじ)まる

어휘
~ところだ : ~ <할>려는 참이다
出掛(でか)ける : (밖에) 나가다, 외출하다
会議(かいぎ) : 회의
始(はじ)まる : 시작되다
ちょうど : 마침, 알맞게

작 문 다음 문장을 일본어로 바꾸시오 정답 p.298

1. 이제부터 편지를 쓰기 시작하려는 참입니다.
⇨

2. 이제부터 식사를 하려는 참입니다.
⇨

3. 이제부터 돌아가려는 참입니다.
⇨

115

~ている ところだ

동사의 연용형 + ているところだ (~<하>고 있는 참이다)

어떤 동작을 지금 하고 있는 참이라고 하는, 그 동작이 진행중임을 나타내는 표현이다.

魚を盗んで逃げた猫を<u>捜し</u>ているところです。

생선을 훔쳐 달아난 고양이를 찾고 있는 참입니다.

去年の実績と今年の実績を<u>比較し</u>ているところです。

작년의 실적과 금년의 실적을 비교하고 있는 참입니다.

大雨の被害を<u>調査し</u>ているところです。 호우의 피해를 조사하고 있는 참입니다.

한자읽기

盗(ぬす)む　猫(ねこ)　捜(さが)す　実績(じっせき)　比較(ひかく)　大雨(おおあめ)　被害(ひがい)　調査(ちょうさ)

어휘

~ているところだ : ~<하>고 있는 참이다
盗(ぬす)む : 훔치다, 도둑질하다
猫(ねこ) : 고양이
捜(さが)す : 찾다
実績(じっせき) : 실적
比較(ひかく) : 비교
大雨(おおあめ) : 큰비, 호우
被害(ひがい) : 피해
調査(ちょうさ) : 조사

작문 다음 문장을 일본어로 바꾸시오

정답 p.298

1. 그는 식사를 하고 있는 참입니다.
⇨

2. 나는 지금 편지를 쓰고 있는 참입니다.
⇨

3. 전화를 걸고 있는 참에 그가 왔습니다.
⇨

116 ~ばかりに

동사의 과거형 · 형용사의 연체형 + ばかりに
(~<하는 · 한> 탓으로<바람에>)

어떠한 한 가지의 원인만으로 상태가 나빠지는 것을 나타내는 표현이다.

問題児を引き受けたばかりに酷い目にあいました。 문제아를 떠맡은 바람에 혼났습니다.

あなたが大声を出したばかりに、兎が逃げてしまったんですよ。
당신이 큰소리를 낸 탓으로 토끼가 도망가버린 것이에요.

お金がないばかりに、私の大好きなカメラが買えない。
돈이 없는 탓으로 내가 매우 좋아하는 카메라를 살 수 없다.

한자읽기

問題児(もんだいじ)　引(ひ)き受(う)ける　酷(ひど)い目(め)　大声(おおごえ)　兎(うさぎ)　買(か)える

어휘

~ばかりに : ~<하는·한> 탓으로<바람에>
問題児(もんだいじ) : 문제아　　引(ひ)き受(う)ける : 맡다, 떠맡다
酷(ひど)い目(め)にあう : 참혹한 꼴을 당하다, 혼나다
大声(おおごえ) : 큰소리　　兎(うさぎ) : 토끼
買(か)える : 살 수 있다(「買う」<사다>의 가능동사)

작문 다음 문장을 일본어로 바꾸시오

정답 p.298

1. 그 문제를 풀지 못한 탓으로 떨어졌다.
⇨

2. 방심한 탓으로 사고를 일으켜 버렸다.
⇨

3. 바람이 너무 센 탓으로 나무가 쓰러졌습니다.
⇨

☆ 倒(たお)れる : 쓰러지다, 넘어지다

117 ~たところ

동사의 연용형 + たところ (~<했>더니)

무엇인가에 대하여 말하고, 그 결과가 어떻게 되었다는 걸 나타내는 표현이다.

高校3年生に将来のことを聞いてみたところ、25パーセントが答えられなかった。

고등학교 3학년에게 장래에 대하여 물어 보았더니 25퍼센트가 대답하지 못했다.

明日は雨だろうと思って寝たが、翌朝起きてみたところ、やっぱり雨が降っていた。

내일은 비가 내릴 것이라고<비일 것이라고> 생각하고 잤는데, 다음날 아침 일어나 보았더니, 역시 비가 내리고 있었다.

先生に伺ったところ、先生にも分らないとおっしゃいました。

선생님께 여쭈었더니 선생님께서도 모르신다고 말씀하셨습니다.

한자읽기

将来(しょうらい)　寝(ね)る　翌朝(よくあさ)　伺(うかが)う

어휘

~たところ : ~<했>더니

パーセント : 퍼센트(percent)

翌朝(よくあさ) : 다음날 아침

将来(しょうらい) : 장래

寝(ね)る : 자다, 눕다

伺(うかが)う : 여쭙다, 찾아뵙다

작문 다음 문장을 일본어로 바꾸시오

정답 p.298

1. 그에게 부탁했더니 승낙해 주었다.

⇨

2. 그 일을 해 보았더니 의외로 쉬웠다.

⇨

3. 열심히 공부했더니 합격했다.

⇨

☆ 頼む : 부탁하다, 당부하다　　承諾 : 승낙　　意外だ : 의외다

人類の智慧－諺 (인류의 지혜－속담)

毒にも薬にもならぬ(독도 약도 안 된다)

지극히 평범하여 있으나 마나 한 존재. 이런 사람은 두드러진 장점도 없는가 하면 단점도 없어, 있어도 해가 안 되지만 득도 되지 않는다.

118 ~たところが

동사의 연용형 + たところが (~<했>는데, ~<했>더니)

「~たところ」(~<했>더니)처럼 무엇인가에 대하여 말하고, 그 결과가 어떻게 되었다는 것을 나타내는 표현이다.

会に遅れたと思って急いで<u>行ってみ</u>たところが、まだだれも来ていませんでした。

모임에 늦었다고 생각하여 서둘러 가 보았는데, 아직 아무도 와 있지 않았습니다.

叱られると<u>思っ</u>たところが、かえって褒められました。

꾸중듣는다고 생각했는데, 오히려 칭찬들었습니다.

クラスで最低点だと<u>思ってい</u>たところが、成績は思ったより悪くなかった。

반에서 가장 낮은 점수라고 생각했는데, 성적은 생각했던 것보다 나쁘지 않았다.

한자읽기

遅(おく)れる　急(いそ)ぐ　叱(しか)られる　褒(ほ)められる　最低点(さいていてん)　成績(せいせき)

어휘

~たところが : ~<했>는데, ~<했>더니

遅(おく)れる : (거리적으로) 뒤떨어지다, 처지다, (시간적으로) 늦어지다

急(いそ)ぐ : 서두르다

叱(しか)られる : 꾸중듣다(「叱る」 <꾸짖다>의 수동형)

かえって : 오히려, 도리어

褒(ほ)められる : 칭찬듣다(「褒める」 <칭찬하다>의 수동형)

작 문　다음 문장을 일본어로 바꾸시오

정답 p.298

1. 그 약을 먹었는데, 점점 나빠져 감기를 악화시켰습니다.

⇨

2. 외출했는데, 비를 맞았다.

⇨

3. 실험해 보았더니, 잘 결과가 나오지 않았습니다.

⇨

☆ どんどん : 척척, 자꾸, 속속, 점점 　 こじらせる : 복잡하게 하다, 악화시키다 　 うまく : 잘

人類の智慧－諺(인류의 지혜－속담)

毒は早くまわる(독은 빨리 퍼진다)

나쁜 일이 퍼지는 것은 빠르다는 뜻.
좋은 일의 효과는 좀처럼 빨리 나타나지 않지만,
나쁜 일은 그 효과가 빨리 나타난다.

119 ~どころか

명사, 동사・형용사의 연체형 + どころか
(~<하기는・이기는>커녕, ~뿐만 아니라)

앞 사항을 강하게 약화시키거나 부정하고, 뒤 사항을 강하게 강조하는 표현이다.

昨日は雨が<u>降る</u>どころか、雲一つないいい天気でした。
어제는 비가 내리기는커녕 구름 한 점 없는 좋은 날씨였습니다.

あの人は<u>英語</u>どころか、国語のハングルも陸に書けないんですよ。
저 사람은 영어는커녕 국어인 한글도 제대로 못 써요.

本田さんは<u>英語</u>どころかフランス語もドイツ語も知っています。
혼다 상은 영어뿐만 아니라, 프랑스어도 독일어도 알고 있습니다.

한자읽기

雲(くも)　フランス語(ご)　ドイツ語(ご)　陸(ろく)に　書(か)ける

어휘

~どころか : ~<하기는・이기는>커녕, ~뿐만 아니라
雲(くも) : 구름　フランス語(ご) : 프랑스어
ドイツ語(ご) : 독일어　陸(ろく)に : 제대로
書(か)ける : 쓸 수 있다(「書く」<쓰다>의 가능동사)

작 문 다음 문장을 일본어로 바꾸시오 정답 p.298

1. 그들은 고기를 먹기는커녕 야채도 먹을 수 없습니다.
⇨

2. 고기는커녕 야채도 없다.
⇨

3. 그녀는 그 이야기를 듣고 울기는커녕 웃고 있었습니다.

⇨

4. 즐겁기는커녕 괴로울 뿐이었습니다.

⇨

人類(じんるい)の智慧(ちえ)－諺(ことわざ)(인류의 지혜－속담)

年(とし)が薬(くすり)(세월이 약)

나이가 들어감에 따라 생각이 깊어진다는 뜻. 젊은 때 아무리 타일러도 듣지 않아 행실이 나빴던 사람이라 할지라도 나이가 들어감에 따라 사려분별을 할 수 있게 됨으로써 나쁜 행실도 바로 잡아진다.

120

~からといって

동사・형용사・형용동사의 종지형・과거형 + からといって
(~<한・했>다고 하여)
명사 + だからといって (~이라고 하여)

앞의 말을 근거로 하여 내린 판단이라고 하여 반드시 바른 것만은 아니고 바르지 않은 경우도 있다고 하는 표현이다.

雨が降るからといって、慌てないでください。 비가 내린다고 하여 당황하지 말아 주세요.

近代化したからといって、必ずしも民衆の生活が向上するというわけではありません。

근대화됐다<했다>고 하여 반드시 민중의 생활이 향상된다는<고 하는> 것은 아닙니다.

学校の成績がいいからといって、必ずしも成功するとは限らない。

학교의 성적이 좋다고 하여 반드시 성공한다고는 할 수 없다.

安全だからといって、全然事故がないわけではありません。

안전하다고 하여 사고가 전혀 없는 것은 아닙니다.

大学の教授だからといって、自分の専攻分野すべてに詳しいわけではない。

대학교수라고 하여 자기 전공분야 전체에 정통한 것은 아니다.

한자읽기

慌てる　近代化　民衆　向上　限らない　教授　専攻　分野　詳しい

어휘

~からといって : ~<한・했>다고 하여, ~이라고 하여
慌(あわ)てる : 당황하다, 허둥지둥하다　民衆(みんしゅう) : 민중
必(かなら)ずしも : 반드시 ~(<한・하>다고만은 할 수 없다)
わけ : 사리, 뜻, 까닭, 이유, 것　近代化(きんだいか) : 근대화
向上(こうじょう) : 향상　限(かぎ)らない : ~다고 만은 할 수 없다
教授(きょうじゅ) : 교수　専攻(せんこう) : 전공
分野(ぶんや) : 분야　詳(くわ)しい : 자세하다, 정통하다, 잘 알다

「~といって」 대신 「~とて」나 「~って」를 쓰기도 한다.

降るからといって	(내린다고 하여)
降るからって	(〃)
近代化したからといって	(근대화되었다고 하여)
近代化したからって	(〃)
いいからとて	(좋다고 하여)
いいからって	(〃)
安全だからとて	(안전하다고 하여)
安全だからって	(〃)

작 문 다음 문장을 일본어로 바꾸시오

정답 p.299

1. 간단하게 보인다고 하여 그렇게 쉬운 것이 아니다.
   ⇨
2. 미국에서 생활했다고 하여 반드시 영어를 잘 하는 것만은 아니다.
   ⇨
3. 열심히 공부했다고 하여 합격한다고 만은 할 수 없다.
   ⇨
4. 용서한다고 하여 좋은 것만은 아니다.
   ⇨
5. 도서관이라고 하여 조용한 것만은 아닙니다.
   ⇨

121 ～からには

동사의 종지형・과거형 ＋ からには
(～〈하는・한〉 이상은, ～〈할〉 바에는)

「～<하>는 이상, ～<하>는 게 당연하다」「～<할> 바에는, ～<잘> 해라」 등, 앞 문장에서 이미 확정된 전제로서, 뒤 문장에서는 당연히 그러해야 한다고 하는 표현이다.

あの人が大丈夫だと言うからには、この手術は成功すると思います。
그 사람이 문제없다고 말한 이상, 이 수술은 성공할 것이라고 생각합니다.

この事実を聞いたからには、黙って見ているわけにはいかない。
이 사실을 들은 이상은 잠자코 보고 있을 수만은 없다.

やるからには、立派にやりなさい。 할 바에야 훌륭하게 해라.

한자읽기

大丈夫(だいじょうぶ)だ　手術(しゅじゅつ)　立派(りっぱ)

어휘

～からには : ～<하는·한> 이상은, ～<할> 바에는
大丈夫(だいじょうぶ)だ : 틀림없다, 까딱없다, 괜찮다, 문제없다
手術(しゅじゅつ) : 수술　立派(りっぱ)だ : 훌륭하다

작 문 다음 문장을 일본어로 바꾸시오

정답 p.299

1. 일본에 온 이상은 일본의 생활에 익숙해져야 합니다.
⇨

2. 공부를 할 바에는 열심히 하시오.
⇨

3. 일본에 갈 바에는 일본어를 말할 수 있는 편이 좋다.
⇨

☆ 慣(な)れる : 습관이 되다, 익숙해지다

122 ~から

동사・형용사・형용동사의 종지형・과거형 + から
(~<하・했으>니까<므로>, ~<할>터이니까)
명사 + だから (~이므로<이니까>)

「~<하·했으>니까<므로>」「~이므로」로 쓰일 경우는, 앞의 일이 뒤의 원인이나 이유가 됨을 나타내는 표현이고, 「~<할>터이니까」로 쓰일 경우는 상대방에 대하여 자기의 강한 결심을 나타내는 표현이다.

明日の午後8時に行くから、待っていなさい。
내일 오후 8시에 갈터이니까 기다리고 있어요.

ビールを飲んだから、運転はできません。 맥주를 마셨으니까 운전은 할 수 없습니다.

寒いから窓を締めてください。 추우니까 창문을 닫아 주세요.

彼は彼女が好きだったから結婚したのでしょう。 그는 그녀를 좋아했으니까 결혼했겠지요.

彼は有名な医者だから安心してよいと思います。
그는 유명한 의사이니까 안심해도 좋다고 생각합니다.

한자읽기

午後(ごご)　運転(うんてん)　窓(まど)　締(し)める

어휘

~から : ~<하·했으>니까<므로>, ~<할>터이니까, ~이므로

午後(ごご) : 오후　　運転(うんてん) : 운전

窓(まど) : 창, 창문　　締(し)める : 닫다

작 문 다음 문장을 일본어로 바꾸시오 정답 p.299

1. 소설 『설국』을 읽을 테이니까, 사 주세요.

⇨

2. 나는 밤 늦게까지 공부하니까 아침에 일찍 일어날 수 없습니다.

⇨

3. 더우니까 창문을 열어 주세요.

⇨

4. 조용하니까 공부합시다.

⇨

5. 좋은 책이니까 읽어도 좋다고 생각합니다.

⇨

人類(じんるい)の智慧(ちえ)－諺(ことわざ)(인류의 지혜－속담)

隣(となり)の花(はな)は赤(あか)い(이웃집 꽃은 붉다)

남의 것은 무엇이나 좋게 보인다는 뜻. 또 자기 것과 다른 것은 좋게 보여 가지고 싶어진다는 뜻.

이웃집에 피여 있는 꽃은 자기 집 꽃보다 예쁘게 보이는데, 꽃만이 아니라 남의 것은 무엇이나 좋게 보인다는 것이다.

123 ~ので

동사・형용사・형용동사의 연체형・과거형 + ので
(~<하・했으>므로<니까>, ~<할>터이니까)
명사 + なので<だったので> (~이므로<였으므로>)

「~ので」는「~から」와 뜻이 비슷하여 서로 바꾸어 쓰기도 하나, 정확하게는「~ので」가「風が強いのでほこりが立つ」(바람이 세니까 먼지가 인다)처럼 객관적인데 비해,「~から」는「風が強いから窓を締めよう」(바람이 세니까 창문을 닫자)처럼 주관적인 표현에 쓰인다.

雨が降っているので、遊びに行けない。 비가 내리고 있으므로 놀러 갈 수 없다.

試験が近付いたので、みんないっしょうけんめい勉強しています。
시험이 다가왔으므로 모두 열심히 공부하고 있습니다.

風が強いので、バドミントンができませんでした。
바람이 세므로 배드민턴을 할 수 없었습니다.

台風で不安だったので、昨夜眠れませんでした。
태풍으로 불안했으므로 어젯밤 자지 못했습니다.

決まったパートナが彼だったので、私は嬉しくて堪りませんでした。
결정된 파트너가 그였으므로 나는 기뻐서 견딜 수 없었습니다.

한자읽기

近付(ちかづ)く　台風(たいふう)　不安(ふあん)だ　眠(ねむ)る　決(き)まる　嬉(うれ)しい　堪(たま)らない

어휘

~ので : ~<하・했>으므로<니까>, ~<할>터이니까, ~이므로<였으므로>
近付(ちかづ)く : (어느 장소에) 가까이 가다, 다가가다, (때가) 다가오다, 가까워지다
台風(たいふう) : 태풍
バドミントン : 배드민턴(badminton)
不安(ふあん)だ : 불안하다
眠(ねむ)る : 자다, 잠들다
決(き)まる : 정해지다, 결정되다
嬉(うれ)しい : 기쁘다
堪(たま)らない : 견딜 수 없다

작 문 다음 문장을 일본어로 바꾸시오

정답 p.299

1. 어제는 바람이 강하게 불었으므로 집에 있었습니다.

⇨

2. 추워서 오늘은 시내에 나가지 않았습니다.

⇨

3. 민주적이어서 나는 그를 좋아합니다.

⇨

4. 좋은 작품이므로 제가 권합니다.

⇨

5. 해 드릴 테니까 기다리고 있어 주세요.

⇨

☆ 勧(すす)める : 권하다, 권장하다

人類(じんるい)の智慧(ちえ)－ 諺(ことわざ)(인류의 지혜－속담)

泣(な)くより歌(うた)(우는 것보다 노래)

세상에 태어난 이상은 밝게 생활하는 것이 좋다는 뜻.
울면서 지내는 것이 인생이라면 웃으면서 지내는 것도 인생이지만,
이 세상에는 「우는 것보다 노래」라는 것을 알면서도
울어야만 하는 사람도 있는 것이다.

124 ~からだ

동사・형용사・형용동사의 종지형・과거형 + からだ
(~<하・했>기 때문이다)

무엇인가의 원인을 나타내는 표현이다.

あなたの目が悪くなったのは、あまりテレビばかり見ているからです。

당신의 눈이 나빠진 것은 너무 텔레비전만 보고 있기 때문입니다.

桜の花が散ったのは、昨夜風が強かったからです。

벚꽃이 진 것은 어젯밤 바람이 세었기 때문입니다.

昨夜遅くまで勉強できたのは、いつもより静かだったからですよ。

어젯밤 늦게까지 공부할 수 있었던 것은 여느 때보다 조용했기 때문이에요.

한자읽기

散(ち)る

어휘

~からだ : ~<하・했>기 때문이다
散(ち)る : (꽃・잎 등이) 지다, 떨어지다, 흩어지다
いつもより : 여느 때보다

주요문법

「~からだ」(~<하・했>기 때문이다)의 부정형은 「~からではない」(~<하・했>기 때문이 아니다)이다.

見ているからではありません。(보고 있기 때문이 아닙니다.)
風が強かったからじゃありません。(바람이 세었기 때문이 아닙니다.)
静かだったからじゃない。(조용했기 때문이 아니다.)

작 문 다음 문장을 일본어로 바꾸시오

정답 p.299

1. 당신이 이번에 실패한 것은 시험공부를 하지 않았기 때문이다.

⇨

2. 그가 꾸중들은 것은 일을 하지 않고 놀았기 때문입니다.

⇨

3. 내가 그녀를 만나지 못한 것은 시간을 지키지 못했기 때문이 아닙니다.

⇨

☆ 叱(しか)る : 꾸짖다, 나무라다

人類(じんるい)の智慧(ちえ)－ 諺(ことわざ)(인류의 지혜－속담)

飢(う)えたる犬(いぬ)は棒(ぼう)を怖(おそ)れず(굶주린 개는 몽둥이를 무서워하지 않는다)

배가 고파 정신이 없으면 어떠한 나쁜 짓이라도 한다는 뜻.

정치가 썩으면 사람들은 먹고 살기 위하여 법도 무서워하지 않게 된다.

125 ~たことがある

동사의 연용형 + たことがある (~<한> 적<일>이 있다)

경험을 나타내는 표현이다.

金さん、日本に来てから日本酒を<u>飲ん</u>だことがありますか。

김 상, 일본에 오고 나서 청주를 마신 적이 있습니까?

ビールなら飲んだことがありますが、日本酒は<u>飲ん</u>だことがありません。

맥주라면 마신 적이 있습니다만, 청주는 마신 적이 없습니다.

あなたは自分で書いた手紙を<u>破っ</u>たことがありますか。

당신은 스스로 쓴 편지를 찢은 적이 있습니까?

한자읽기

日本酒(にほんしゅ)　破(やぶ)る

어휘

~たことがある : ~<한> 적<일>이 있다　日本酒(にほんしゅ) : 일본주, 청주, 정종
自分(じぶん)で : 스스로　破(やぶ)る : 찢다, 깨다, 부수다

작 문 다음 문장을 일본어로 바꾸시오 정답 p.299

1. 당신은 그녀를 만난 적이 있습니까?
⇨

2. 나는 아직 일본에 가 본 적이 없습니다.
⇨

3. 김 상은 그 사람과 이야기한 적이 있습니까?
⇨

126 ～からこそ

동사・형용사・형용동사의 종지형・과거형 ＋ からこそ
(～<하・했>기에 <오히려>～)
명사 ＋ だからこそ (～이기에 <오히려>～)

A. 앞 글 내용이 뒤 글 내용의 단 하나의 이유라는 것을 강조하는 표현이다.
B. 앞 글 내용이 뒤 글 내용의 이유나 근거로서, 일반적인 상식으로 볼 때에는 상반된 것이라는 것을 나타내는 표현이다.

A

人間は理性によって行動できるからこそ、人間といえるのである。
인간은 이성에 의해 행동할 수 있기에 인간이라고 할 수 있는 것이다.

安全だからこそ、安心して乗れるんですよ。 안전하기에 안심하고 탈 수 있는 거예요.

日本で生活した経験のある人だからこそ、日本語があんなにうまかったのである。
일본에서 생활한 경험이 있는 사람이니까 일본어를 그렇게 잘 했던 것이다.

B

疲れているからこそ、無理にでも明るく振る舞っているんですよ。
지쳐 있으니까 오히려 무리하게라도 밝게 행동하고 있는 거예요.

暑いからこそ、熱いものを飲んでいるのよ。 더우니까 오히려 뜨거운 것을 마시고 있는 거야.

こんな大変な時だからこそ、落ち着くんだよ。 이러한 힘든 때이니까 오히려 침착해야 하는 거야.

한자읽기

理性(りせい)　行動(こうどう)　疲(つか)れる　無理(むり)　明(あか)るい　安心(あんしん)　振(ふ)る舞(ま)う　大変(たいへん)だ　落(お)ち着(つ)く

어휘

～からこそ : ～<하・했>기에 <오히려>, ～이기에 <오히려>

理性(りせい) : 이성　　行動(こうどう) : 행동
疲(つか)れる : 피로하다, 지치다　　無理(むり) : 무리
明(あか)るい : 밝다　　安心(あんしん) : 안심

振(ふ)る舞(ま)う : 행동하다, 처신하다, 대접하다
大変(たいへん)だ : 대단하다, 굉장하다, 힘들다, 큰일이다
落(お)ち着(つ)く : 자리잡다, 정착하다, 안정되다, 침착하다

작 문 다음 문장을 일본어로 바꾸시오

정답 p.299

1. 열심히 공부했기에 합격한 것입니다.

   ⇨

2. 돈이 많기에 좋은 생활을 할 수 있는 것이다.

   ⇨

3. 그 사람이기에 말을 할 수 있는 것입니다.

   ⇨

4. 자기의 아이를 사랑하니까 오히려 꾸중하는 겁니다.

   ⇨

127 ~にすぎない

명사, 동사의 종지형・과거형 + にすぎない
(~에 불과하다〈지나지 않는다〉,
~〈한〉 것에 불과하다〈지나지 않는다〉)

어떠한 일・수량에 지나지 않음을 나타내는 표현이다.

いくら働いても1ヶ月の収入は、わずか50万ウォンにすぎません。

아무리 일해도 1개월의 수입은 겨우 50만 원에 불과합니다.

この話は単に私の希望にすぎません。 이 이야기는 단순히 나의 희망에 불과합니다.

日本語ができるといっても、日常の会話ができるにすぎません。

일본어를 할 수 있다 해도 일상 회화를 할 수 있는 것에 불과합니다.

한자읽기

〜ヶ月(げつ)　収入(しゅうにゅう)　日常(にちじょう)　単(たん)に　希望(きぼう)

어휘

~にすぎない : ~에 불과하다〈지나지 않다〉,
~〈할〉 수 있는 것에 불과하다〈지나지 않다〉

~ヶ月(かげつ) : ~개월
収入(しゅうにゅう) : 수입
わずか : 겨우, 조금, 약간, 불과
日常(にちじょう) : 일상
単(たん)に : 단순히, 단지, 다만
希望(きぼう) : 희망

작 문 다음 문장을 일본어로 바꾸시오

정답 p.299

1. 오늘은 아무리 덥다 해도 32도에 불과하다.

⇨

2. 그가 아무리 멀리 갔다 해도 부산까지 간 것에 불과하다.

⇨

3. 서울이 아무리 멀다 해도 200킬로에 불과하다.

⇨

4. 그것은 억측에 불과하다.

⇨

☆ ～度(ど) :～도　キロ : 킬로　憶測(おくそく) : 억측, 지레짐작

人類(じんるい)の智慧(ちえ)－諺(ことわざ)(인류의 지혜－속담)

嘘(うそ)は盗(ぬす)みの始(はじ)まり(거짓말은 도둑질의 시초)

거짓말을 하게 되면 다음에는 도둑질을 하게 된다는 뜻.
거짓말은 자기방어를 위해 하는 수단이고,
도둑질은 양심을 숨기지 않고는 할 수 있는 짓이 못 된다.

128 ~ございます

ございます (있습니다)

명사 + でございます (~입니다)

「ございます」는「あります」(있습니다)보다 더 정중한 표현이고,「~でございます」는「~です」(~입니다)보다 더 정중한 표현이다.

花瓶はここにございます。 꽃병은 여기에 있습니다.

本当に危なかったですよ。お怪我はございませんでしたか。

정말로 위험했어요. 상처는 없으셨습니까?

右手に見えるのが私のアパートでございます。 오른쪽에 보이는 것이 우리 아파트입니다.

この論文を書いたのは私でございます。 이 논문을 쓴 것은 저입니다.

한자읽기

花瓶(かびん)　　危(あぶ)ない　　怪我(けが)　　右手(みぎて)

어휘

ございます : 있습니다(「あります」<있습니다> 보다 한층 더 정중한 표현임)

~でございます : ~입니다(「~です」<입니다> 보다 한층 더 정중한 표현임)

花瓶(かびん) : 꽃병　　危(あぶ)ない : 위험하다

怪我(けが) : 상처, 부상　　右手(みぎて) : 오른손, 오른쪽

주요문법

「ございます」는 또 다음과 같이 쓰이기도 한다.

さようでございます。　(그렇습니다.)

さようではございません。　(그렇지 않습니다.)

あつう<さむう>ございます。　(덥<춥>습니다.)

よろしゅうございます。　(좋습니다.)
おはようございます。　(안녕하세요.)
ありがとうございます。　(감사합니다.)

작 문　다음 문장을 일본어로 바꾸시오

정답 p.299

1. 그것은 제게는 없습니다.

⇨

2. 이것이 제 책입니다.

⇨

3. 오늘은 덥습니다.

⇨

4. 그렇습니다.

⇨

129 ～ず(に)

동사의 미연형 ＋ ず〈に〉 (～〈하〉지 않고〈말고〉)

부정을 나타내는 표현이다.

雨にも<u>負け</u>ず、風にも<u>負け</u>ず、眠気と戦いながら働いています。

비에게도 지지 않고, 바람에게도 지지 않고, 졸음과 싸우면서 일하고 있습니다.

飯も<u>食わ</u>ずに、本ばかり読んでいる彼女です。 밥도 먹지 않고 책만 읽고 있는 그녀입니다.

脇目も<u>振ら</u>ずに勉強をしたお陰で一流の大学に入りました。

한눈도 팔지 않고 공부를 한 덕택에 일류대학에 들어갔습니다.

한자읽기

負ける　眠気　飯　食う　脇　脇目　振る　お陰　一流

어휘

～ず<に> : ～<하>지 않고<말고>

眠気(ねむけ) : 졸음

負(ま)ける : 지다

飯(めし) : 밥, 식사(「飯(めし)」의 공손한 말은「ご飯(はん)」임)

食(く)う : 먹다(「食(た)べる」보다 격이 떨어지는 남성어)

脇(わき) : 겨드랑이, 옆, 곁

脇目(わきめ) : 한눈, 곁눈

脇目(わきめ)も振(ふ)らず : 한 눈도 팔지 않고

振(ふ)る : 흔들다, 휘두르다

お陰(かげ) : 덕분, 덕택

陰(かげ) : 그늘, 음달, 뒤, 배후

一流(いちりゅう) : 일류

주요문법

「～ず」가 형용사에 이어질 때에는 다음과 같이 표현될 경우도 있다.

寒からず、暑からず、ちょうどいい季節になりました。

(춥지도 않고 덥지도 않고 마침 좋은 계절이 되었습니다.)

よからず　(좋지도 않고)

☆ ちょうど : 마침, 알맞게, 마치, 흡사

「する」(하다)의 경우에는 「せず」(하지 않고)로 표현한다.

彼は勉強はせず、遊んでばかりいる。(그는 공부는 하지 않고 놀고만 있다.)

작 문　다음 문장을 일본어로 바꾸시오

정답 p.299

1. 학교에 가지 않고 무엇을 하고 있습니까?

⇨

2. 밥은 먹지 않고 사과만 먹고 있다.

⇨

3. 오늘은 그녀를 만나지 않고 일찍 돌아왔습니다.

⇨

130 ～まい

오단・か変・さ変동사의 종지형,
상일단・하일단・か変동사의 미연형,
さ変동사의 연용형, ～ます
＋まい(～<하>지 않겠다, ～<하>지 않을 것이다

부정적인 의지를 나타내는 표현(A)과, 부정적인 추측을 나타내는 표현(B)이다.

A

あまりにも悔しくて二度と言うまいと誓いました。

너무나도 억울해서 두 번 다시 말하지 않겠다고 맹세했습니다.

私はもうあなたに何も言いますまい。 나는 이제 당신에게 아무 것도 말하지 않겠소.

見まいと思っても意志が弱くてつい見てしまいました。

보지 않겠다고 생각해도 의지가 약해서 그만 보고 말았습니다.

B

相手があまりにも強いから、とても優勝はできまい。

상대방이 너무나도 강해서 도저히 우승은 하지 못할 것이다.

まさかそんなことはあるまい。 설마 그런 일은 없을 것이다.

한자읽기

悔(くや)しい　二度(にど)と　誓(ちか)う　意志(いし)　優勝(ゆうしょう)

어휘

～まい : ～<하>지 않겠다, ～<하>지 않을 것이다
悔(くや)しい : 분하다, 억울하다　二度(にど)と : 두 번 다시, 다시금
誓(ちか)う : 맹세하다, 서약하다
つい : (시간적으로) 조금, 바로, 무심코, 그만, 어느덧
意志(いし) : 의지　優勝(ゆうしょう) : 우승

「~まい」는 다음과 같이 쓰기도 한다.

断るわけにも行くまい。　(거절할 수도 없지 않은가.)

差し障りがあるなら言うまい。　(지장이 있다면 말하지 않겠다.)

子供じゃあるまいし、このままでは帰れません。
(어린애도 아니고, 이대로는 돌아갈 수 없습니다.)

娘ではあるまいし、そんな赤いものは着られません。
(처녀도 아니고, 그런 빨간 것은 입을 수 없습니다.)

何とか頼んでやってもらえまいか。　(어떻게 부탁해 줄 수 없겠나?)

自分のものならそんなに粗末に扱うまいのに。
(자기 것이라면 그렇게 소홀히 취급하지 않을 텐데.)

☆ 断(ことわ)る : 미리 알리다, 사전에 양해를 구하다, 거절하다, 사절하다　差(さ)し障(さわ)り : 지장, 장애
~まま : <한> 채로<대로>　粗末(そまつ)だ : 변변치 못하다, 허술하다, 함부로 하다, 소홀히 하다
扱(あつか)う : 다루다, 취급하다, 담당하다　頼(たの)む : 부탁하다, 의뢰하다

작 문　다음 문장을 일본어로 바꾸시오

정답 p.299

1. 자네에게는 아무 것도 말하지 않겠네.
⇨

2. 이런 곳에는 두 번 다시 오지 않겠다.
⇨

3. 내일은 비는 내리지 않을 것이다.
⇨

131 ~う(よう)が~まいが

동사의 의지형 + う〈よう〉が + 동사의 종지형 + まいが
(~〈하〉든 ~〈하〉지 않든)

무엇 무엇을 하든 말든 상관없다는 의미를 나타내는 표현이다.

彼女に会おうが会うまいが私の自由ですからほっといてください。

그녀를 만나든 안 만나든 내 자유니까 상관마세요.

使おうが使うまいが、用意だけはしておいたほうがいいと思います。

쓰든 안 쓰든 준비만은 해 두는 게 좋다고 생각합니다.

行こうが行くまいが、私の問題だからあなたには関係ありません。

가든 안가든 내 문제니까 당신에게는 상관없습니다.

한자읽기

用意(ようい)

어휘

~う＜よう＞が~まいが：~＜하＞든 ~＜하＞지 않든

ほっとく：내버려두다, 방치하다　　用意(ようい)：준비, 채비, 대비, 조심, 주의

주요문법

「~う＜よう＞が~まいが」(~＜하＞든 ~＜하＞지 않든)은 「~う＜よう＞と~まいと」로 쓰기도 한다.

できようとできまいと、一応やってみなさい。(할 수 있든 할 수 없든 일단 해 보게.)

雨が降ろうと降るまいと予定は変えません。(비가 내리든 내리지 않든 예정은 바꾸지 않겠습니다.)

☆ 一応(いちおう)：일단, 우선, 대충　予定(よてい)：예정　変(か)える：바꾸다, 변경하다, 옮기다

작 문 다음 문장을 일본어로 바꾸시오 정답 p.300

1. 그가 오든 오지 않든 회의는 예정대로 시작하겠습니다.

⇨

2. 바람이 불든 불지 않든 꼭 와 주십시오.

⇨

3. 당신이 하든 하지 않든 나는 하지 않겠습니다.

⇨

132 ~な

동사의 종지형 + な (~<하>지 마라)

무엇인가를 해서는 안된다고 하는 금지를 나타내는 표현이다.

紙の裏には何も書くな。종이 뒷면에는 아무 것도 쓰지 마라.

今日は雨が降るから、旗を掲げるな。오늘은 비가 내리니까 기를 게양하지 마라.

私の姿が消えるまで後ろを振り向くな。내 모습이 사라질 때까지 뒤를 돌아보지 마라.

한자읽기

裏(うら)　旗(はた)　掲(かか)げる　消(き)える　後(うし)ろ　振(ふ)り向(む)く

어휘

裏(うら) : 뒤, 안, 뒤쪽

旗(はた) : 기, 깃발

姿(すがた) : 모습, 몸매, 풍채, 옷차림, 형체

後(うし)ろ : 뒤, 뒤쪽

振(ふ)り向(む)く : (뒤)돌아보다, (뒤)돌아보게 하다

~な : ~<하>지 마라

掲(かか)げる : 달다, 내걸다, 게양하다

消(き)える : 사라지다, 없어지다

작 문 다음 문장을 일본어로 바꾸시오

정답 p.300

1. 이것은 건강에 좋지 않으니까 먹지 마라.

⇨

2. 그렇게 언제까지나 울지 마라.

⇨

3. 그런 위험한 놀이는 하지 마라.

⇨

133 ~ないで(ずに)すむ

동사의 미연형 + ないで(ずに)すむ (~<하>지 않아도 된다)

어떤 문제가 어떠한 조치를 취하지 않거나, 어떠한 과정을 거치지 않고도 해결된다는 의미의 표현이다.

昨夜は門限に遅れましたが、姉が母によく言ってくれたので、叱られずにすみました。

어젯밤은 귀가시간에 늦었지만, 언니가 어머니께 잘 말해 주어서 꾸중을 듣지 않아도 되었습니다.

去る冬は健康の管理をよくしたので、風邪を引かないですみました。

지난 겨울은 건강관리를 잘 했기 때문에 감기가 들지 않아도 되었습니다.

行かずにすむことを、金さんの失敗で行かなければならないようになった。

가지 않아도 될 일을 김 상의 실수로 가지 않으면 안되게 되었다.

한자읽기

去(さ)る　門限(もんげん)　管理(かんり)

어휘

~ないで<ずに>すむ : ~<하>지 않아도 된다
去(さ)る : 지난, 지나간
門限(もんげん) : 문닫는 시간, 폐문시간, 가족의 귀가를 정해 놓은 시간
管理(かんり) : 관리

작 문　다음 문장을 일본어로 바꾸시오

정답 p.300

1. 감기가 나았기 때문에 쓴 약을 먹지 않아도 되었다.

⇨

2. 꾸중을 듣지 않아도 될 일을 네 실수로 꾸중을 들었다.

⇨

3. 비가 내렸으므로 오늘은 연습을 하지 않아도 되었다.

⇨

☆ 治(なお)る : 치료되다, 낫다　　苦(にが)い : 쓰다　　薬(くすり) : 약

人類(じんるい)の智慧(ちえ)－諺(ことわざ)(인류의 지혜－속담)

山(やま)より大(おお)きな猪(いのしし)は出(で)ぬ(산보다 큰 멧돼지는 나오지 않는다)

과장도 정도가 있다는 뜻. 크다고 하는 것의 비유로 산 같다고 하는데, 거기까지는 그렇다 치더라도 산보다 크다고 하는 것은 좋지 않다. 또 용기 속에 그보다도 큰 것을 넣는다고 하는 것도 마찬가지이다.

134 ~んじゃないよ

동사의 연체형 + んじゃないよ (~<해>선 안된다)

회화에서만 쓰이는 말로 무엇인가를 해서는 안된다는 금지의 의미이며, 「~な」(~하지 마라)보다 부드러워 정감이 느껴지는 표현이다. 주로 어린이에게 하는 말이다.

お母さんがいない時、悪戯するんじゃないよ。 엄마가 없을 때, 장난해선 안 된다.

危ないから川を一人で渡るんじゃないよ。 위험하니까 강을 혼자서 건너선 안 된다.

そんな悪いことを二度とするんじゃないよ。 그런 나쁜 짓을 두 번 다시 해선 안 된다.

한자읽기

渡(わた)る　悪戯(いたずら)

어휘

~んじゃないよ : ~<해>선 안된다　悪戯(いたずら) : 장난

渡(わた)る : 건너다, 건너가다, 건너오다

작 문 다음 문장을 일본어로 바꾸시오 정답 p.300

1. 이제 그 애를 만나선 안된다.

⇨

2. 그 애와 놀아선 안된다.

⇨

3. 엄마가 돌아올 때까지 이것을 먹어선 안된다.

⇨

135 ~べき

동사의 연체형 + べき (~<해>야 할, ~<하>는 것이 적절함)

응당 그렇게 해야 한다는 의미(A)와, 어떠한 일을 하는 것이 적절하다는 의미(B)를 나타내는 표현이다.

A

守るべき規則を無視しないように気を付けなさい。

지켜야 할 규칙을 무시하지 않도록 주의해라.

悪いと思ったらすぐ謝るべきだ。 잘못했다고 생각하면 바로 사과해야 한다.

B

僕なら化粧品より本を買うべきだと思います。

나라면 화장품보다 책을 사는 것이 옳다고<적절하다고> 생각합니다.

これは子供が見るべき番組じゃありません。

이것은 어린이가 볼<봐서 적절한> 프로그램이 아닙니다.

한자읽기

規則(きそく)　無視(むし)　謝(あやま)る　僕(ぼく)　化粧品(けしょうひん)　番組(ばんぐみ)

어휘

~べき : ~<해>야 할, ~<하>는 것이 적절한

規則(きそく) : 규칙　無視(むし) : 무시

謝(あやま)る : 사과하다, 사죄하다, 빌다　僕(ぼく) : (남자가 자기를 말하는) 나

化粧品(けしょうひん) : 화장품

番組(ばんぐみ) : (방송이나 연예 등의) 프로그램(program)

작 문 다음 문장을 일본어로 바꾸시오

정답 p.300

1. 이 작업은 당신이 해야 한다고 생각합니다.

⇨

2. 당신이 회장이니까, 어젯밤 와야 하지 않았습니까?

⇨

3. 일요일에는 교회에 가는 것이 옳다고 생각합니다.

⇨

☆ 会長(かいちょう) : 회장

人類(じんるい)の智慧(ちえ)－諺(ことわざ)(인류의 지혜－속담)

落花流水(らっかりゅうすい)の情(じょう)(낙화유수의 정)

남자와 여자는 서로 그리워하는 마음이 있다는 뜻.
바람에 져 물에 떠내려가는 꽃을 보면, 그 꽃에는 흘러가는 물을 따라 떠내려가고 싶다고 하는 마음이 있고, 흘러가는 물에는 꽃잎을 싣고 흘러가고 싶다고 하는 마음이 있기라도 한 것처럼 보인다.

136 ～ものだ

동사의 연체형 + ものだ (～<하>는 법<것>이다)
동사의 연용형 + たものだ (～<했>군, ～<했>었지)

「ものだ」는 당연하다는 뜻을 나타내는 표현이고(A), 「たものだ」는 감개・감동・희망의 뜻을 나타내거나(B), 술회의 뜻을 나타내는(C)표현이다.

A

たとえ気に入らなくても、親の言うことは聞くものだよ。

설령 마음에 들지 않더라도 부모가 하는 말은 듣는 법이야.

済まないと思わなくてもいいんだよ。人間は困った時は助け合うものだからね。

미안하다고 생각하지 않아도 돼. 인간은 곤란할 때 서로 돕는 법이니까 말이야.

B

おや、二人とも大きくなったものだ。저런, 둘 다 많이 자랐군.

短期間でよくこれだけできたものですね。단기간에 이만큼이나 잘 해냈군요.

C

二人でよく飲んだものだ。둘이서 잘도 마셨지.

あの男とはよく遊んだものだ。그 사내와는 잘도 놀았었지.

한자읽기

気(き)に入(い)る　済(す)まない　助(たす)け合(あ)う　短期間(たんきかん)

어휘

～ものだ : ～<하>는 법<것>이다
～たものだ : ～<했>군, ～<했>었지
気(き)に入(い)る : 마음에 들다
済(す)まない : 미안하다
助(たす)け合(あ)う : 서로 돕다
おや : (놀라거나 의문이 생겼을 때) 어, 어머
短期間(たんきかん) : 단기간

주요문법

「동사의 연용형 + 合う」는「서로 ~<하>다」라는 복합동사를 만든다.

助け合う　　(서로 돕다)
話し合う　　(서로 이야기하다, 이야기를 나누다)
愛し合う　　(서로 사랑하다)

작 문　다음 문장을 일본어로 바꾸시오

정답 p.300

1. 남의 호의는 받아들이는 법이다.

⇨

2. 어떻게든 빨리 알려주고 싶군.

⇨

3. 그에게는 잘도 속았지.

⇨

☆ 好意(こうい) : 호의　受(う)け入(い)れる : 받아들이다　なんとかして : 어떻게든　だます : 속이다

137 ~ふりをする

동사・형용사・형용동사의 연체형・과거형 + ふりをする
(~<하는・한>척하다)
명사 + のふりをする (~<하>는 척하다)

실제로는 그렇지 않은 것을 그런 것처럼 보이게 하는 것을 나타내는 표현이다.

私が近付いて行くと、虫が死んだふりをした。 내가 다가가자 벌레가 죽은 척 했다.

見て見ないふりをしている卑怯な者もいました。

보고도 안 본 척하고 있는 비겁한 자도 있었습니다.

親切ではないのに、親切なふりをするな。 친절하지도 않은데, 친절한 척 하지 마라.

少年たちはけんかのふりをして騒いでいます。 소년들은 싸움하는 척하며 떠들고 있습니다.

한자읽기

近付(ちかづ)く　虫(むし)　卑怯(ひきょう)だ　騒(さわ)ぐ

어휘

~ふりをする : ~<하는・한> 척하다　~のふりをする : ~<하>는 척하다
近付(ちかづ)く : 다가오다, 다가서다　虫(むし) : 벌레
卑怯(ひきょう)だ : 비겁하다　騒(さわ)ぐ : 떠들다, 시끄럽게 하다

작 문 다음 문장을 일본어로 바꾸시오 정답 p.300

1. 자는 척 하면서 남의 말을 듣고 있다.
⇨
2. 공부를 하면서 하지 않은 척 하고 있다.
⇨
3. 정직하지 않은데, 정직한 척 하지 마라.
⇨
4. 모른 척 하지 마라.
⇨

～しかない

동사의 종지형 + しかない (～<할> 수밖에 없다)

달리 방법이 없음을 나타내는 표현이다.

風邪気味なら薬を飲むしかないじゃないか。감기 기운이라면 약을 먹을 수밖에 없잖아.

汗をかいたら、ここでは冷や水を浴びるしかありません。

땀을 흘리면 여기에서는 냉수를 끼얹을 수밖에 없습니다.

彼が来たら会うしかないね。그가 오면 만날 수밖에 없겠군.

한자읽기

～気味(きみ)　汗(あせ)　冷(ひ)や水(みず)　浴(あ)びる

어휘

～しかない：～<할> 수밖에 없다
汗(あせ)：땀
汗(あせ)をかく：땀을 흘리다
冷(ひ)や水(みず)：냉수, 찬물
～気味(きみ)：기미, 기색, 기운, 기, 경향, 티(「風邪気味」는 연탁현상으로 「かぜぎみ」로 읽음)
浴(あ)びる：끼얹다, 뒤집어쓰다

주요문법

「～<할> 수밖에 없다」의 다른 표현으로 「동사의 종지형 + よりしかたがない」가 있다.

飲むよりしかたがない。(마실 수밖에 없다.)
水を浴びるよりしかたがありません。(물을 끼얹을 수밖에 없습니다.)
会うよりしかたがないね。(만날 수밖에 없겠군.)

작 문 다음 문장을 일본어로 바꾸시오

정답 p.300

1. 나도 내일은 서울에 갈 수밖에 없습니다.

⇨

2. 발표회 때문에 선생님을 만날 수밖에 없습니다.

⇨

3. 그 소문에는 놀랄 수밖에 없었다.

⇨

☆ 驚(おどろ)く : 놀라다

人類(じんるい)の智慧(ちえ)－諺(ことわざ)(인류의 지혜－속담)

利(り)して利(り)する勿(なか)れ(이익을 생각하고 이익을 생각하지 마라)

정치를 하는 사람은 국민의 이익을 먼저 생각해야지 자신의 이익을 꾀해서는 안 된다는 뜻.
우리 나라의 정치가들에게도 들려주고 싶은 말이다.

139 ~に(も)かかわらず

명사, 동사의 종지형 · 과거형 · 부정형 + に<も>かかわらず
(~에 관계없이, ~<하는 · 했는>데도 불구하고)

어떠한 사항이 아무 것에도 영향을 받지 않는다는 것을 나타내는 표현이다.

晴雨にかかわらず、**明日は船が出ます。** 날씨에 관계없이 내일은 배가 출항합니다.

あの人はたくさん食べるにもかかわらず、**痩せています。**
그 사람은 많이 먹는데도 불구하고 야위어 있습니다.

あなたの行く行かないにもかかわらず、**わたしは行きます。**
당신이 가고 안가는 것에 관계없이 나는 가겠습니다.

あの人はよく勉強したにもかかわらず、**成績は悪い。**
그 사람은 열심히 공부했음에도 불구하고 성적은 나쁘다.

한자읽기

晴雨(せいう)　　痩(や)せる

어휘

~にかかわらず : ~에 관계없이
~にもかかわらず : ~<하는 · 했는>데도 불구하고
晴雨(せいう) : 청우, 개임과 비가 옴, 날씨
痩(や)せる : 야위다, 마르다
살이 빠지다

작 문 다음 문장을 일본어로 바꾸시오 정답 p.300

1. 일의 대소에 관계없이 보고하시오.

⇨

2. 주의했는데도 불구하고 실패했습니다.

⇨

3. 노력했는데도 불구하고 성공하지 못했다.

⇨

☆ 報告(ほうこく) : 보고　注意(ちゅうい) : 주의　努力(どりょく) : 노력

人類(じんるい)の智慧(ちえ)－諺(ことわざ)(인류의 지혜－속담)

ローマは一日(いちにち)にして成(な)らず(로마는 하루에 이루어진 게 아니다)

큰 사업은 짧은 기간동안에 성급하게 완성하려 해서는 안 된다. 면밀한 계획하에 오랫동안 인내하고 연구하여 이루어내어야 되는 것이다.

140 ~そうもない

동사의 연용형 + そうもない (~<할> 것 같지도 않다)

불확실한 예견을 나타내는 표현이다.

今年の冬は雪が降りそうもないから、スキーは断念しなさい。

올 겨울은 눈이 내릴 것 같지도 않으니까 스키는 단념하게.

この服は小さくて私には着られそうもありませんから、他の人に上げてください。

이 옷은 작아서 나에게는 입을 수 있을 것 같지도 않으니까 다른 사람에게 주십시오.

英語は自信がないので教えられそうもありません。

영어는 자신이 없어서 가르칠 수 있을 것 같지도 않습니다.

한자읽기

断念(だんねん)　上(あ)げる　自信(じしん)

어휘

~そうもない : ~<할> 것 같지도 않다

スキー : 스키　　断念(だんねん) : 단념

上(あ)げる : 올리다, 드리다, 주다　　自信(じしん) : 자신

작 문 다음 문장을 일본어로 바꾸시오 정답 p.300

1. 그도 오늘밤은 갈 것 같지도 않으니까 안심해 주십시오.

⇨

2. 이것은 먹을 수 있을 것 같지도 않으니까 버립시다.

⇨

3. 내일은 쉴 수 있을 것 같지도 않으니까 단념하자.

⇨

☆ 捨(す)てる : 버리다　諦(あきら)める : 단념하다, 체념하다

141 ~とはかぎらない

동사・형용사・형용동사의 종지형・과거형 + とはかぎらない
(~<한・했>다고 만은 할 수 없다)

무엇인가가 한 가지뿐 아니라 또 있다는 것을 우회적으로 나타내는 표현이다. 다시 말해서 단정할 수 없다고 하는 표현이다.

今度の研修は彼が行くとはかぎりません。이번 연수는 그가 간다고 만은 할 수 없습니다.

ここにあったりんごを彼が食べたとはかぎらない。
여기에 있던 사과를 그가 먹었다고 만은 할 수 없다.

冬だから寒いとはかぎらない。겨울이니까 춥다고 만은 할 수 없다.

女だから優しかったとはかぎりません。여자이니까 상냥했다고 만은 할 수 없습니다.

図書館だから静かだとはかぎりません。도서관이니까 조용하다고 만은 할 수 없습니다.

A社の製品だから安全だったとはかぎりません。
A사의 제품이니까 안전했다고 만은 할 수 없습니다.

한자읽기

研修(けんしゅう)　~社(しゃ)　製品(せいひん)

어휘

~とはかぎらない：~<한・했>다고 만은 할 수 없다
研修(けんしゅう)：연수　~社(しゃ)：~사(회사)
製品(せいひん)：제품

작 문 다음 문장을 일본어로 바꾸시오 정답 p.300

1. 그녀이니까 소설을 읽는다고 만은 할 수 없다.
⇨

2. 추우니까 옷을 두껍게 입었다고 만은 할 수 없습니다.

⇨

3. 좋은 차이니까 빠르다고 만은 할 수 없습니다.

⇨

4. 시골이니까 한가로웠다고 만은 할 수 없습니다.

⇨

☆ 厚い : 두껍다　　田舎 : 시골　　長閑だ :한가롭다, 화창하다

人類の智慧－諺 (인류의 지혜－속담)

我が身の一尺は見えぬ(나의 몸 한 자는 보이지 않는다)

남의 결점은 작은 것이라도 눈에 띄지만, 자기의 결점은 큰 것이라 할지라도 보이지 않는다는 뜻.

142 ~いっぽうだ

동사의 연체형 + いっぽうだ (~<하>기만 하다)

주로 한 방향으로만 치우쳐 있음을 나타내는 표현이다.

入院してからも彼の病状は悪化するいっぽうです。

입원하고 나서도 그의 병상은 악화되고만 있습니다.

給料は上がらないのに、物価は上がるいっぽうです。

봉급은 오르지 않는데, 물가는 오르기만 합니다.

後進国では、食べ物もないのに人口は増えるいっぽうです。

후진국에서는 먹을 것도 없는데, 인구는 늘기만 합니다.

한자읽기

病状(びょうじょう)　悪化(あっか)　給料(きゅうりょう)　物価(ぶっか)　上(あ)がる　後進国(こうしんこく)　人口(じんこう)　増(ふ)える

어휘

~いっぽうだ : ~<하>기만 하다, ~<하>기만 하고 있다

病状(びょうじょう) : 병상, 병의 용태

悪化(あっか) : 악화

給料(きゅうりょう) : 급료

物価(ぶっか) : 물가

上(あ)がる : 오르다, 올라가다, 올라오다

後進国(こうしんこく) : 후진국

人口(じんこう) : 인구

増(ふ)える : 늘다, 증가하다

작문 다음 문장을 일본어로 바꾸시오

정답 p.300

1. 요즈음은 추워지기만 하고 있다.

⇨

2. 나는 그에게 맞기만 했습니다.

⇨

3. 요즈음의 물가는 내리기만 합니다.

⇨

☆ 殴られる : 맞다(「殴る」<때리다>의 수동형)　　この頃 : 요즈음

人類の智慧－諺 (인류의 지혜－속담)

我が身の事は人に問え(나에 대한 것은 다른 사람에게 물어라)

자기에 대한 것은 오히려 판단하기 어려우니까
다른 사람의 의견을 듣는 것이 좋다는 뜻.

143 ~につれて

동사의 종지형 + につれて (~<함>에 따라)

한편이 바뀌면 한편도 변한다고 하는 관계를 나타내는 표현이다.

月日が経つにつれて嫌なことは忘れてしまいます。

세월이 흐름에 따라 싫은 일은 잊어버립니다.

金持ちになるにつれて心配も多くなりました。 부자가 됨에 따라 걱정도 많아졌습니다.

暗くなるにつれて星が段段見えてきました。

어두워짐에 따라 별이 차츰 보이기 시작했습니다<보여 왔습니다>.

한자읽기

月日(つきひ)　経(た)つ　嫌(いや)だ　忘(わす)れる　金持(かねも)ち　段段(だんだん)

어휘

~につれて : ~<함>에 따라
月日(つきひ) : 월일, 날짜, 세월
経(た)つ : (시간이) 지나다, 흐르다
嫌(いや)だ : 싫다
忘(わす)れる : 잊다
段段(だんだん) : 점점

작 문 다음 문장을 일본어로 바꾸시오

정답 p.300

1. 다가감에 따라 물체는 분명하게 보이기 시작했습니다.
⇨

2. 밤이 깊어짐에 따라 점점 조용해졌습니다.
⇨

3. 연구가 진전됨에 따라 결과도 나오기 시작했습니다.
⇨

☆ 物体(ぶったい) : 물체　はっきり : 뚜렷이, 확실히, 분명히　深(ふか)まる : 깊어지다
進(すす)む : 나아가다, 전진하다, 진전되다　結果(けっか) : 결과

144 ～ものだから

동사・형용사・형용동사의 과거형 + ものだから
(～<했>기 때문에・～<했>으므로)

무엇인가의 이유를 강조할 때 쓰는 표현이다.

夜遅くまで海辺に彼女といっしょにいたものだから、二人とも風邪を引いてしまいました。

밤늦게까지 바닷가에서 그녀와 같이 있었으므로 두 사람 다 감기가 들어 버렸습니다.

彼女があまりにも美しかったものですから惚れてしまいました。

그녀가 너무 아름다웠으므로 반해 버렸습니다.

部屋が静かだったものだからぐっすり眠ってしまいました。

방이 조용했으므로 푹 자버렸습니다.

한자읽기

海辺(うみべ)　眠(ねむ)る　惚(ほ)れる

어휘

～ものだから : ～<했>기 때문에・～<했>으므로
海辺(うみべ) : 해변, 바닷가
ぐっすり<と> : 푹(깊이 잠든 모양)
眠(ねむ)る : 자다, 잠들다
惚(ほ)れる : 반하다, 연모하다

주요문법

회화에서는「～ものだから」대신「～もんだから」를 쓰기도 한다.

いたもんですから(있었으므로)
美しかったもんですから(아름다웠으므로)
静かだったもんですから(조용했으므로)

작 문 다음 문장을 일본어로 바꾸시오

정답 p.301

1. 열심히 공부했으므로 합격했습니다.

⇨

2. 어젯밤 너무 추웠으므로 감기가 들어 버렸습니다.

⇨

3. 사람들이 친절했으므로 불편은 없었습니다.

⇨

人類(じんるい)の智慧(ちえ)－ 諺(ことわざ)(인류의 지혜－속담)

分(わ)からぬは夏(なつ)の日和(ひより)と人心(ひとごころ)(알 수 없는 것은 여름날씨와 사람의 마음)

사람의 마음은 변하기 쉬워 헤아리기 어려운 것이 마치 여름날씨와 같다.

145 ～ついでに

동사의 종지형・과거형 ＋ ついでに
(～<하는・한>김에<길에>)
명사 ＋ のついでに (～<하>는 김에)

어떤 일을 할 때, 그 기회를 이용하여 다른 일도 같이 한다는 것을 나타낼 때의 표현이다.

デパートへ行くついでに靴下を一足買ってきてくださいませんか。
백화점에 가는 길에 양말을 한 켤레 사다 주지 않겠습니까?

買物に行ったついでに友達の家を尋ねました。 쇼핑하러 간 길에 친구 집을 방문했습니다.

子供を医者へ連れて行ったついでに、私も診てもらいました。
아이를 병원에 데리고 간 김에 나도 진찰을 받았습니다.

話のついでに来月の会のこともお話しておきたいと思います。
이야기하는 김에 다음달 모임에 대한 것도 이야기해 두고 싶습니다.

한자읽기

靴下(くつした)　一足(いっそく)　買物(かいもの)　家(うち)　尋(たず)ねる　医者(いしゃ)　連(つ)れる　診(み)る　話(はなし)

어휘

～ついでに：～<하>는 김에　　～のついでに：～<하>는 김에
靴下(くつした)：양말　　一足(いっそく)：한 켤레
買物(かいもの)：물건사기, 장보기, 쇼핑
家(うち)：집　※「いえ」로 읽으면 집의 건물, 즉 가옥을 말하고,「うち」로 읽으면 가정을 말하는 경향이 있음.
尋(たず)ねる：방문하다　　医者(いしゃ)：의사
連(つ)れる：데리고 오다, 데리고 가다, 동반하다
診(み)る：(환자를) 보다, 진찰하다　　話(はなし)：이야기

작 문 다음 문장을 일본어로 바꾸시오

정답 p.301

1. 그것을 하는 김에 이것도 해 주세요.
   ⇨
2. 서울에 온 김에 김 상도 만났습니다.
   ⇨
3. 연구하는 김에 문학공부도 하겠습니다.
   ⇨

人類の智慧－諺(인류의 지혜－속담)

千里の馬も蹴躓き(천리마도 비틀거린다)

아무리 훌륭한 말이라 할지라도 실족할 수가 있듯이,
아무리 현명한 사람이라 할지라도 실패하는 일이 있다.

146 ~もなんともない

형용사의 어간 + くもなんともない
(~<하>지도 어떻지도 않다)
형용동사의 어간 + でもなんともない
(~<하>지도 어떻지도 않다)

어떠하지도 않다고 하는 것을 약간 냉소적으로 나타내는 표현이다.

この小説は作品としての深みがないから面白くもなんともない。

이 소설은 작품으로서의 깊이가 없으니까 재미있지도 어떻지도 않다.

これは芸術品としては美しくもなんともないですね。

이것은 예술품으로서는 아름답지도 어떻지도 않군요.

ここが図書館ですか。静かでもなんともないのに。

여기가 도서관이란 말입니까? 조용하지도 어떻지도 않은데.

私はあなたのお言葉を信じましたのに、彼女はきれいでもなんともないですね。

나는 당신의 말씀을 믿었습니다만, 그녀는 예쁘지도 어떻지도 않군요.

한자읽기

深(ふか)み　面白(おもしろ)い　芸術品(げいじゅつひん)　言葉(ことば)

어휘

~くもなんともない：~<하>지도 어떻지도 않다
~でもなんともない：~<하>지도 어떻지도 않다
深(ふか)み：깊이　面白(おもしろ)い：재미있다
芸術品(げいじゅつひん)：예술품　言葉(ことば)：말

주요문법

형용사나 형용동사의 어간에 「み」나 「さ」를 붙여 명사를 만드는 경우가 있는데, 전자 「み」의 경우는 정도와 상태를 나타내는 명사이고, 후자 「さ」의 경우는 성질과 정도, 상태를 나타내는 명사이다.

深み：깊이　　重み：무게
赤み：붉은 기, 붉은 정도, 불그스름함　　新鮮み：신선함, 신선미

深さ：깊이　　重さ：무게
赤さ：붉기　　新鮮さ：신선함

☆ 新鮮だ(しんせん)：신선하다

「명사 + でもなんでもない」는 「~도 아무 것도 아니다」라는 표현으로 쓰인다.

あんな卑怯な者は軍人でもなんでもありません。
(그런 비겁한 자는 군인도 아무 것도 아닙니다.)

こんなつまらない作品を作った者は、芸術家でもなんでもない。
(이런 시시한 작품을 만든 자는 예술가도 아무 것도 아니다.)

☆ 軍人(ぐんじん)：군인　　つまらない：시시하다, 보잘 것 없다

작 문　다음 문장을 일본어로 바꾸시오　정답 p.301

1. 당신은 이 강이 깊다고 했는데 깊지도 어떻지도 않군요.
⇨

2. 안전하지도 어떻지도 않은 이런 것을 사라는 말입니까?
⇨

3. 그런 비인도적인 인간은 학자도 아무것도 아닙니다.
⇨

☆ 非人道的だ(ひじんどうてき)：비인도적이다

147 ~だったら

명사・형용동사의 어간 + だったら (~이라면, ~<하>다면)

가정의 뜻을 나타내는 표현으로 「~なら」와 바꾸어 쓸 수도 있다.

私だったらあの事件をあんなふうには処理しません。
나라면 그 사건을 그런 식으로는 처리하지 않습니다.

全州だったら高速バスで行ったほうがいいですよ。 전주라면 고속버스로 가는 편이 좋아요.

必要だったら譲って上げてもいいです。 필요하다면 양보해 드려도 좋습니다.

周りが静かだったら、この家に住むつもりです。
주위가 조용하다면 이 집에서 살 생각입니다.

한자읽기

処理(しょり)　高速(こうそく)　譲(ゆず)る　周(まわ)り

어휘

~だったら : ~이라면, ~<하>다면
~ふう : ~식, ~풍
処理(しょり) : 처리
高速(こうそく) : 고속
譲(ゆず)る : 양보하다, 양도하다, 연기하다
周(まわ)り : 둘레, 주위, 가장자리

작 문 다음 문장을 일본어로 바꾸시오

정답 p.301

1. 당신이라면 이것을 어떻게 하겠습니까?
⇨

2. 그 사건이라면 그가 해결했습니다.
⇨

3. 이 비행기가 정말로 안전하다면 사람들이 왜 타지 않습니까?

⇨

4. 그 방법이 민주적이라면 나도 따르겠습니다.

⇨

☆ 解決(かいけつ) : 해결　　従(したが)う : 따르다, 수행하다

人類(じんるい)の智慧(ちえ)－諺(ことわざ)(인류의 지혜－속담)

口弁慶(くちべんけい)(말대장)

말은 잘하나 겁쟁이인 사람을 말함.

148 ~ふう

동사・형용사・형용동사의 연체형 + ふう
(~식<체・모양・양식・방법>)

방법이나 상태를 나타내는 표현이다.

書道では字をこういうふうに書くのです。서도에서는 글씨를 이런 식으로 쓰는 겁니다.

病人は自分の病気が治らないことを知らないふうでした。
병자는 자기의 병이 낫지 않는다는 것을 모르는 모양이었습니다.

変なふうをした若者達が広場に集っていました。
이상한 모양을 한 젊은이들이 광장에 모여 있었습니다.

한자읽기

書道(しょどう)　病人(びょうにん)　変(へん)だ　若者(わかもの)　広場(ひろば)

어휘

~ふう : ~식(모양・양식・방법)　書道(しょどう) : 서도, 서예
病人(びょうにん) : 병자
変(へん)だ : (보통과 달리) 묘하다, 이상하다, 엉뚱하다
若者(わかもの) : 젊은이, 청년　広場(ひろば) : 광장

작 문　다음 문장을 일본어로 바꾸시오

정답 p.301

1. 그런 식으로 모르는 체 하지 마라.
⇨
2. 연구는 어떤 식으로 하고 있습니까?
⇨
3. 그런 식으로는 성공할 수 없습니다.
⇨

149 ~つつ

동사의 연용형 + つつ (~<하>면서)

문장에서 쓰는 말로, 두 가지의 동작을 동시에 할 경우, 그 동작을 나타내는 두 말을 이어주는 기능을 하거나(A), 서로 반대의 뜻을 나타내는 두 가지의 동작을 이어주는 기능(B)을 한다. 「~ながら」(~<하>면서)와 바꾸어 쓸 수도 있다.

A

彼は働きつつ大学を卒業して成功しました。그는 일하면서 대학을 졸업하여 성공했습니다.

2台の車は常に一定の距離を保ちつつ走りました。

두 대의 차는 계속 일정한 거리를 유지하면서 달렸습니다.

B

いけないこととは知りつつやってしまったのです。

안 되는 것이라고는 알면서 해 버렸던 것입니다.

笑っては失礼だとは思いつつも、つい笑ってしまいました。

웃어서는 실례라고 생각하면서도, 결국 웃어 버렸습니다.

한자읽기

~台(だい)　常(つね)に　一定(いってい)　距離(きょり)　保(たも)つ　笑(わら)う　失礼(しつれい)

어휘

~つつ : ~<하>면서

~台(だい) : ~대

常(つね)に : 언제나, 늘, 항상

一定(いってい) : 일정

保(たも)つ : 유지되다, 유지하다, 지키다

いけない : 안된다, 나쁘다, 좋지 않다, 글렀다, 안 됐다

距離(きょり) : 거리

笑(わら)う : 웃다

つい : 결국, 그만, 무심코

失礼(しつれい) : 실례

작 문　다음 문장을 일본어로 바꾸시오

정답 p.301

1. 어린이 교육은 흥미를 가지게 하면서 지도해야 합니다.

⇨

2. 우리들은 서로 도우면서 생활하고 있습니다.

⇨

3. 부모는 아이를 꾸중하면서도, 마음 속으로는 사랑하는 것입니다.

⇨

☆ 興味(きょうみ) : 흥미　持(も)たせる : 가지게 하다(「持(も)つ」<가지다>의 사역형)　暮(く)らす : 살다, 생활하다

150 ～つつある

동사의 연용형 + つつある (계속<하여>～<하>고 있다)

동작이 계속하여 행해지고 있음을 나타내는 표현이다.

今船は港に向って<u>進み</u>つつあります。지금 배는 항구를 향하여 계속 나아가고 있습니다.

韓国の経済は<u>発展し</u>つつあります。한국의 경제는 계속하여 발전하고 있습니다.

それは彼の病気も回復に<u>向かい</u>つつあった時のことでした。

그것은 그의 병도 계속하여 회복을 향하고 있었을 때의 일이었습니다.

한자읽기

港(みなと)　回復(かいふく)　向(む)かう　経済(けいざい)

어휘

～つつある : 계속<하여> ～<하>고 있다

港(みなと) : 항구

回復(かいふく) : 회복

向(むか)う : 향하다

経済(けいざい) : 경제

작 문 다음 문장을 일본어로 바꾸시오 정답 p.301

1. 야구는 A팀이 계속 이기고 있습니다.

⇨

2. 차는 그녀가 있는 서울을 향하여 계속 달리고 있습니다.

⇨

3. 이 회사는 계속하여 성장하고 있습니다.

⇨

☆ 野球 : 야구　チーム : 팀(team)　成長 : 성장

151 ~なんて

동사・형용동사의 종지형 + なんて (~<하>다니)

의외・놀람・비판의 뜻을 나타내는 표현이다.

近いうちに地震があるなんて、そんな馬鹿な話がどこにある。

머지 않아 지진이 있다니 그런 어처구니없는 소리가 어디 있어.

彼が彼女と結婚するなんて、冗談にもならないよ。

그가 그녀와 결혼하다니 말도 안되는 소리야.

あの人が親切だなんて、とんでもない話ですよ。

그 사람이 친절하다니 당치도 않은 소리예요.

ここが安全だなんて、信じられない話です。

여기가 안전하다니 믿을 수 없는 이야기입니다.

한자읽기

地震(じしん)　馬鹿(ばか)だ

어휘

~なんて : ~<하>다니　　地震(じしん) : 지진

とんでもない : 어처구니없다, 쓸모 없다, 못쓰게 되다, 당치도 않다, 있을 수 없다, 터무니없다, 의외다

馬鹿(ばか)だ : 멍청하다, 바보이다　　馬鹿(ばか) : 바보, 멍청이

작 문 다음 문장을 일본어로 바꾸시오 정답 p.301

1. 밤 늦게 혼자서 외출하다니 위험하군.

⇨

2. 이런 깊은 데에서 수영하다니, 위험하니까 빨리 나오세요.

⇨

3. 이런 데가 조용하다니, 그런 어처구니없는 소리가 어디 있어.

⇨

4. 이런 얼굴이 예쁘다니 이해할 수 없군.

⇨

☆ 危険(きけん)だ : 위험하다　理解(りかい) : 이해

人類(じんるい)の智慧(ちえ)－ 諺(ことわざ)(인류의 지혜－속담)

両手(りょうて)の花(はな)(양손의 꽃)

우열을 가릴 수 없을 정도로 좋은 것을 좌우 양손에 가지고 있어, 좋은 일 위에 또 좋은 일이 있다고 하는 뜻.

152 ~ましだ

동사・형용사・형용동사의 연체형・과거형 + ほうがましだ
(~<하는・한> 편<것>이 낫다)
동사・형용사・형용동사의 연체형, 명사 + よりましだ
(~<하>는 것보다 낫다)

어떠한 것이나 사항과 비교하여, 그와 다른 쪽이 더 좋다고 하는 것을 나타내는 표현이다.

人の物を盗むくらいなら死んだほうがましです。
남의 물건을 훔칠 정도라면 죽는 편이 나아요.

暑いよりは寒いほうがましです。더운 것보다는 추운 편이 낫습니다.

あんなところへの旅行でもここに残っているよりましです。
그런 데에 가는 여행일지라도 여기에 남아 있는 것보다 낫습니다.

こんなところでも寒いよりはましですよ。이런 곳이라도 추운 것보다는 나아요.

このような解決でも不安なよりましです。이러한 해결이라도 불안한 것보다 낫습니다.

あんな人でもあなたよりましですよ。그런 사람이라도 당신보다 나아요.

한자읽기

残(のこ)る

어휘
~ほうがましだ : ~<하는・한> 편<것>이 낫다
~よりましだ : ~<하>는 것보다 낫다 　　残(のこ)る : 남다

작 문 　다음 문장을 일본어로 바꾸시오

정답 p.301

1. 그런 데에 가는 여행일지라도 이런 데에 남아 있었던 것보다 낫다고 생각 한다.
⇨

2. 없느니 보다는 낫다.
⇨

3. 그러한 해결이라도 불안하고(불안해 하고) 있는 것보다는 나아요.

⇨

4. 어린이라도 나보다는 낫다고 생각합니다.

⇨

人類の智慧－諺(인류의 지혜－속담)

瓜二つ(참외 두 개)

부모자식간이나 형제간 등의 얼굴이 많이 닮았다고 하는 비유.

153 ~たら

동사의 연용형 + たら (~<했>더니, ~<하>는데, ~<하>니)

이는 가정의 의미를 나타내는 「たら」가 아니라, 어떤 일을 해보니 다른 일이 생겼다고 하는 것을 나타내는 표현이다.

昨日引き出しを片付けていたら昔の手紙が出てきました。
어제 서랍을 정리했더니 옛날 편지가 나왔습니다.

よく考えてみたら計算が間違っていました。 잘 생각해 보니 계산이 틀려 있었습니다.

山田さんに聞いたら卒業式は今週の土曜日だと言っていました。
야마다 상에게 물으니 졸업식은 금주 토요일이라고 말했습니다.

한자읽기

引(ひ)き出(だ)し　片付(かたづ)ける　計算(けいさん)　間違(まちが)う　卒業式(そつぎょうしき)

어휘

~たら : ~<했>더니, ~<하>는데, ~<하>니
引(ひ)き出(だ)し : 서랍, 빼냄, 꺼냄, 인출
片付(かたづ)ける : 정돈하다, 정리하다, 치우다　　計算(けいさん) : 계산
間違(まちが)う : 틀리다, 잘못되다, 그릇되다, 실수하다
卒業式(そつぎょうしき) : 졸업식

작 문 다음 문장을 일본어로 바꾸시오　정답 p.301

1. 어제 백화점에 갔더니 다나카 상도 와 있었습니다.
⇨

2. 밤 늦게 공부하고 있는데 그녀가 찾아왔습니다.
⇨

3. 하늘을 보니 달님이 웃고 있었습니다.

⇨

☆ 空(そら) : 하늘　　お月(つき)さま : 달님

人類(じんるい)の智慧(ちえ)－ 諺(ことわざ)(인류의 지혜－속담)

蛙(かえる)の子(こ)は蛙(かえる)(개구리의 새끼는 개구리)

凡人의 아이는 역시 범인이라고 하는 비유. 올챙이는 개구리와 그 모양이 전혀 달라 물고기 같지만 자라면 역시 개구리가 된다.

154 ~だろうかと

명사, 형용동사의 어간, 동사・형용사의 종지형 + だろうかと
(~일<할>까 하고)

의문이나 호기심을 나타내는 표현이다.

彼女に会うまではどんな人だろうかと一日じゅう不安で堪りませんでした。

그녀를 만날 때까지는 어떤 사람일까 하고 하루종일 불안해서 견딜 수 없었습니다.

今度のアメリカ出張はだれが行くだろうかと考えてみましたが。

이번 미국 출장은 누가 갈까 하고 생각해 보았습니다만.

彼女はどんなに美しいだろうかと想像してみました。

그녀는 얼마나 아름다울까 하고 상상해 보았습니다.

한자읽기

堪(たま)る　一日(いちにち)　出張(しゅっちょう)　想像(そうぞう)

어휘

~だろうかと : ~일<할>까 하고
堪(たま)る : 참다, 견디다
一日(いちにち) : 하루<동안>
~じゅう : ~동안, ~내내, 온~, 전
いちにち(一日)じゅう : 하루종일
出張(しゅっちょう) : 출장
想像(そうぞう) : 상상

주요문법

「じゅう」 앞에 명사가 오면 그 명사의 전체를 나타내는 말이 된다.

一日(いちにち)じゅう : 하루종일　ひと晩(ばん)じゅう : 밤새껏
一年(いちねん)じゅう : 일년내내　世界(せかい)じゅう : 전세계

작 문 다음 문장을 일본어로 바꾸시오

정답 p.301

1. 지금 그가 쓰고 있는 논문의 테마는 무엇일까 하고 생각해 보았으나 모르겠다.

⇨

2. 그녀의 결혼생활은 행복할까 하고 생각해 보았다.

⇨

3. 북극은 얼마나 추울까 하고 상상해 보았습니다.

⇨

4. 그는 언제 올까 하고 기다리고 있습니다.

⇨

☆ テーマ : 테마(Thema)　北極(ほっきょく) : 북극

155 ~とも

동사의 종지형・의지형, 형용동사의 어간, 명사 + とも
(~<할>지라도, ~<해>도, ~이라<한다>고도
형용사의 어간 + くとも
(~<할>지라도, ~<해>도, ~<한>다 해도)

가정의 조건을 제시하고 그 조건하에서 다음 사태가 진행됨을 나타내거나(A), 불확실함을 나타내는(B) 표현이다.

A

いかに困るとも、我慢すべきですよ。 아무리 곤란할지라도 참아야 해요.

どんなことがあろうとも、ここから彼を呼んではいけません。
무슨 일이 있을지라도 여기에서 그를 부르면 안됩니다.

経験がなくとも、少しもかまいません。 경험이 없어도 조금도 상관없습니다.

B

手紙には来るとも来ないとも書いていません。
편지에는 온다고도 오지 않겠다고도 쓰여 있지 않습니다.

彼はまだどっちとも答えていません。 그는 아직 어느 쪽이라고도 대답하지 않았습니다.

한자읽기

我慢(がまん)　　呼(よ)ぶ

어휘

~とも : ~<할>지라도, ~<해>도, ~이라<한다>고도
いかに : 어떻게, 얼마나, 아무리　　我慢(がまん) : 참음, 견딤
呼(よ)ぶ : 부르다, 초대하다

작 문 다음 문장을 일본어로 바꾸시오

정답 p.301

1. 남의 실수를 보고 웃지 않을지라도 좋을 것이다.
   ⇨
2. 무슨 일이 있을지라도 일을 해서는 안됩니다.
   ⇨
3. 늦어도 6월에는 완성시키고 싶습니다.
   ⇨

☆ 完成(かんせい) : 완성

人類(じんるい)の智慧(ちえ)－諺(ことわざ)(인류의 지혜－속담)

銭(ぜに)は銭(ぜに)だけ(돈은 돈만큼)

돈을 내면 그 낸 돈만큼의 물건이 손에 들어온다.
돈은 쓴 만큼의 가치가 있다.

문형색인
일본어

あ行

か行

さ行

た行

な行

は行

ま行

や行

ら行

わ行

ん行

문형색인

한국어

ㅈ

ㅊ

ㅎ

작문 해답

1

1. 金さんは明日ソウルへ行くそうです。
2. 今晩は雨が降るそうなので家にいます。
3. 猿はこれを食べそうだろう。
4. 明日は雨が降りそうだ。
5. 彼はここに来そうにない。
6. そこももう静かそうである。
7. 彼は昨夜寒そうな顔でした。
8. A講義室が静かそうならそこへ行こう。

2

1. 彼も明日は釜山へ行くようですか。
2. 外は昨日も寒いようだった。
3. 今日は外が寒いようなので家にいます。
4. 講義室は今静かなようではないです。
5. 彼は犬が食べるようにご飯を食べる。
6. 彼がソウルへ行くようなら私も行く。

3

1. 田中さんにお酒を飲ませる。
2. 彼は子供達にいい映画を見せる人です。
3. 金さんはいつも子供達にいいものを食べさせます。
4. 先生が彼をここに来させました。
5. 子供達に勉強ばかりさせるのはよくありません。

4

1. 彼は金さんに拳で殴られました。
2. これを明日までに覚えられますか。
3. 古里の親が案じられる。
4. 先生、明日来られますか。

5

1. 私達は日本語の字を書かせられました。
2. 彼は昨日ソウルに行かせられました。
3. 作業場に来させられる人達がかわいそうだ。
4. 軍人は訓練をさせられます。

6

1. あなたは今日何がしたいですか。
2. 金さん、あなたは何が食べたいですか。
3. 金さんはこの本が読みたくありませんか。
4. あなたは映画が見たい時どうしますか。
5. 私も日本へ行きたくなりました。

7

1. 彼女は毎朝牛乳を飲むらしいです。
2. その少女は美しいらしいです。
3. 図書館が静からしいなら今行きます。
4. 彼女は本当に女性らしい人です。

8

1. 彼はそこへ行っていますか。
2. あそこで泣いている女はだれですか。
3. だれが今まで勉強をしていますか。
4. 暑くて外に出ています。

9

1. 先生は今何をしていらっしゃいますか。
2. 泣いていらっしゃるお母様がかわいそうです。
3. 彼のお母様が泣いていらっしゃると私も泣きたくなります。
4. その方は自分の部屋で泣いていらっしゃる。

10

1. 窓ガラスがきれいに拭いてあります。
2. 車はそこに停めてあります。
3. ここに置いてある時計はだれのものですか。

11

1. これを食べてください。
2. 手紙を書いてくださいませんか。

3. 日本語の文章を先生が読んでくださいました。
4. お母様が読んでくださる本。
5. 手紙は彼女が読んでくれました。
6. 行かないでください。
7. 泣かないで笑ってください。

12

1. 先生が本を書くのを助けてあげましょう。
2. その方に手紙を読んであげました。
3. 妹の宿題をしてあげました。
4. 私は妹の仕事を手伝ってあげる人ではありません。

13

1. 運転は朴さんにしていただきたいです。
2. 宿題は杉さんにしていただきたいです。
3. 明日、ここに来てもらいたい。
4. 手紙は彼女に読んでいただきました。

14

1. 先生を案内させていただきたいです。
2. 午後は私に運転させていただきたいです。
3. 一杯飲ませてもらう。
4. 手紙を書かせてもらいます。

15

1. このりんごを食べてもいいですか。
2. 午後は遊んでもいいです。
3. 明日はここに来なくてもいいですか。
4. 暑くてもいいですか。
5. 熱くなくてもいいです。

16

1. ここで遊んでもかまいませんか。
2. この映画は子供が見てもかまいません。
3. この映画は子供でもかまいません。
4. 作業が危なくてもかまいません。
5. それは短くてもかまいません。

17

1. それを食べてはいけません。
2. そんなに泣いてはいけません。
3. そこに行ってはいけません。

18

1. そのりんごは彼女が食べてしまいました。
2. 彼は昨夜行ってしまいました。
3. 私は昨日それも買ってしまいました。

19

1. 食べたくてしようがない。
2. 彼はいつも夜遅く帰って来るのでしようがない。
3. この部屋は不便でしようがない。
4. あまり寒くてしようがない。

20

1. 読まないで書いてばかりいる。
2. 立ってばかりいないで座っていてください。
3. ここに遊んでばかりいる子供が二人います。

21

1. 彼は自分の恋人に泣いてみせた。
2. 観客に演技をしてみせる俳優たち。
3. 今度の試合では必ず成功してみせる。
4. 今年には彼女と必ず結婚してみせます。

22

1. 頭が痛くてたまらない。
2. 雨がたくさん降っているので、不安でたまらない。
3. 暑いので、のどが渇いてたまらない。

23

1. 映画を見てから話しましょう。
2. 遊んでから勉強しなさい。
3. 日本語の本を読んでみましょう。

4. 日本語の本を少しずつ読んでいきましょう。
5. だんだん寒くなってくる。
6. これは名画だからよく見ておきましょう。

24

1. はやくここに来なさい。
2. 一曲歌いなさい。
3. 試験準備をしなさい。

25

1. 今日は雨も降るし、風も強い。
2. 昨日は寒かったし、風も強かった。
3. ここは交通が不便だし、うるさい。
4. 彼も来たし、彼女も来た。

26

1. りんごを食べたがる人もいますか。
2. 彼はこの本を読みたがっています。
3. 杉さんは英語の勉強をしたがります。

27

1. 森さんは今何をお書きになっていますか。
2. 先生がお乗りになる車はどれですか。
3. このりんごはおいしいので、召し上がってください。

28

1. 今度は私がお読みします。
2. 私が先生にお伝えします。
3. 私は先生のかばんをお持ちする時もあります。

29

1. この日本語の文章をお読みください。
2. 日本語で手紙をお書きくださいませんか。
3. 昨夜は朴さんもお飲みくださいました。

30

1. お父様はいつお帰りですか。
2. あなたは何をお書きですか。
3. あなたはいつご入学ですか。
4. 金さんは何月にご結婚ですか。

31

1. その人の電話番号をお教えいただけますか。
2. その事実をお伝えいただけますか。
3. この時計をお求めいただけますか。

32

1. 今年の冬休みにもすてきな思い出ができました。
2. その事件で心配なことができました。
3. 彼女に恋人ができました。

33

1. 来週から作文の勉強をすることにしました。
2. 明日は家で休むことにしました。
3. お父さんの誕生日のプレゼントにネクタイを買うことにしました。

34

1. 私たちは明日ソウルに行くことになっています。
2. 私の家では毎朝牛乳を飲むことになっています。
3. 彼はあさってここに来ることになっています。

35

1. あなたは何をしにここに来ましたか。
2. 食事に行きませんか。
3. 彼は戦争により家族と別れました。
4. 私たちは先生の言葉にしたがいました。
5. その事件について話してください。

36

1. 読書するのにいい季節になりました。

2. 立派な人になりなさい。
3. 彼は大きくなって軍人になった。

37

1. あなたは何に乗ってソウルに来ましたか。
2. 飛行機に乗りました。
3. ここで船に乗る人は一日何人ぐらいですか。

38

1. あなたはだれに似ていますか。
2. 彼は親に少しも似ていないですね。
3. この山は五峯山によく似ていますね。

39

1. あなたは昨日どうして彼女に会いましたか。
2. 私は彼女に会う時が一番うれしいです。
3. あなたは明日も朴さんに会いませんか。

40

1. 彼女に会うにはどうしたらいいですか。
2. 留学に行くにはどうしたらいいですか。
3. 先生になるにはどうしたらいいですか。

41

1. 私はあなたが好きです。
2. あなたはだれが好きですか。
3. りんごが大好きな人はだれですか。
4. 私は朴さんが好きです。
5. 日本語も好きです。

42

1. あなたはどうして彼が嫌いですか。
2. あなたも納豆は嫌いですか。
3. 私は納豆も沢庵も嫌いです。

43

1. あなたは何がほしいですか。
2. あなたはお茶がほしくありませんか。
3. 彼はバラの花をほしがっている。
4. 彼女は寂しがっている。

44

1. 明日が試験なので、今晩は遊ばないで勉強して欲しい。
2. 私の家に遊びに来て欲しい。
3. 私の代わりにあなたが先生に頼んで欲しいです。

45

1. これは私が読んだ本です。
2. 昨日食べたりんごはおいしかった。
3. その冷たかった彼女の目は一生忘れることができない。
4. 彼女は彼の滑らかな言葉に騙されたのだ。

46

1. 私を見ると彼は慌てて逃げた。
2. バスに乗ると意外にも妹がいた。
3. 風が強く吹くと木が倒れる。
4. あなたが泣くと私の心が痛い。

47

1. 健康にいいから早く寝たほうがいいです。
2. 風邪がひどいから薬を飲んだほうがいいです。
3. 今日はお客さんが来るから早く帰ってきたほうがいい。

48

1. そんな人は相手にしないほうがいい。
2. そんな映画は見ないほうがいい。
3. 今は遊ばないほうがいい。

49

1. 大田からソウルまでのバス料金はいくらですか。
2. 3月から5月までが春です。
3. 私たちは午前9時から午後5時まで学校で勉強します。

50

1. ここにあなたの本と新聞があります。
2. 私のかばんと靴と眼鏡はありません。
3. 昨夜金さんや朴さんなどが遊びに来ました。
4. 英語の本や国語の本や美術の本などはどこにありますか。

51

1. 果物やらお菓子やら、たくさん食べました。
2. 日本人やらアメリカ人やら、各国の人達が大勢集まりました。
3. 読むやら書くやら、一生懸命勉強した。

52

1. 彼女は泣いたり笑ったりしています。
2. 私は朝食にご飯を食べたりパンを食べたりします。
3. この頃の天気は寒かったり暑かったりする。
4. 彼の判断は正確だったりそうでなかったりします。
5. 彼が来る時間は10時だったり11時だったりします。

53

1. 彼は土曜日ごとに釜山にも行けば大田にも行く。
2. 彼は田中さんにも会えば森さんとも交際する。
3. 彼はシナリオも書けば映画の制作もする。

54

1. 成功もしようと思えばできる。
2. 毎日でも来ようと思えば来られます。
3. 今夜でも彼女に会おうと思えば会えます。

55

1. 登れば登るほど山道は険しくなった。
2. 勉強はすればするほどいい。
3. 寒ければ寒いほど外出をしなくなる。
4. 人は正直なら正直なほど信用できます。

56

1. 彼らは険しい山道を登り始めました。
2. 彼も昨日から日本語を習いに学校に通い始めました。
3. ここは急に風が吹き始める日もあります。

57

1. 本は読み終わりましたか。
2. 遊び終わったら帰りなさい。
3. 飲み終わったら歌いましょう。

58

1. 彼はいつ来るかわかりますか。
2. 私もその車がどんなに遅いかわかります。
3. 私はそれがどんなに正確だかわかる。
4. 彼がいつ来たかわかりますか。
5. 昨日はどんなに寒かったかわかりますか。
6. それがどんなに正確だったかわかりますか。

59

1. 彼らは午後2時の飛行機に乗ると思います。
2. 日本は物価が高いと思います。
3. ここは安全だと思います。
4. 梨は彼が食べたと思います。
5. バスより電車が速かったと思います。
6. そこは安全だったと思います。
7. それは私がしようと思います。
8. 飛行機は速かろうと思います。
9. 図書館は今静かだろうと思います。
10. ここがA講義室だと思います。
11. ここがA講義室だったと思います。
12. ここがA講義室だろうと思います。

60

1. 彼が明日ソウルに行くとは思いません。
2. 明日も寒いとは思いません。
3. これが現代的とは思わない。
4. 彼が昨日ここに来たとは思わない。
5. それが速かったとは思いません。
6. その方法が安全だったとは思いません。
7. ソウルに行こうとはしない。
8. そこがそんなに暑かろうとは思わない。
9. それが正確だろうとは思わない。
10. これがいい本だとは思わない。
11. これがいい本だったとは思わない。
12. それがいい本だろうとは思わない。

61

1. あなたは『雪国』という小説を読みましたか。
2. 私は韓国の金南洙と申します。
3. それを愛ともいいます。
4. それを愛とはいいません。
5. 彼は昨日ここに来たといった。
6. 彼はあなたを美しいといった。
7. 本田さんはそれを安全だといいました。
8. 彼は私も行きますといった。
9. 彼は美しい愛と書いた。

62

1. 彼がなぜ泣いたかというと、恋人と別れたからである。
2. 新幹線がなぜ速いかというと、作る技術がいいからだ。
3. 韓国のものといって全部正確かというとそうでもないです。

63

1. 走行というのは自動車などが走ることをいいます。
2. 地下というのは地面の下をいいます。
3. 作品というのは制作物をいいます。

64

1. 美人は短命といわれていますが、本当ですね。
2. 羅州の梨はおいしいといわれています。
3. これが最高級といわれている車です。

65

1. 車を紙で作るといった方法はないでしょうか。
2. 空を泳ぐといった水泳法を考えています。
3. 顔を見ながら話すといった電話も開発されました。

66

1. 彼は「行きます」といい、外出の準備をしました。
2. 食べすぎといい、飲みすぎといい、体によくないことです。
3. 雲といい、風といい、自然の美しさというものを感じます。

67

1. 彼がいうには、彼女は森さんと結婚するということだ。
2. 弟がいうには、お父さんの健康は大分よくなったということだ。
3. 新聞によると日本は今とても寒いということだ。
4. 彼のお父さんがいうには、彼は昨日帰国したということだ。

68

1. 友達として彼女に会いたいです。
2. 論文としての機能をわかっていますか。
3. 私は留学生として韓国に来ています。

69

1. 家族のために仕事をしています。
2. 友達に会うためにバスに乗りました。
3. 暑いため頭がおかしくなりました。
4. 子供のための旅行を計画しました。
5. 健康のために有益な遊びを開発しましょう。

6. バスに乗ったのはソウルに行くためです。

70

1. 一生懸命勉強しているのに、成績が上がらない。
2. 今年の夏は本当に暑かったのに、健康だった。
3. この施設は安全なのに、人々が利用しない。
4. それは本当におもしろい本なのに、読む人は少なかったです。
5. この本を読むのに、時間はどれぐらいかかりますか。

71

1. 論文のことで先生に会いたいです。
2. 会場の予約のことで電話しましたが。
3. お父さんは私の結婚のことでソウルに行きました。

72

1. これは彼にとっては幸運だと思います。
2. 妹にとってはこれが最高だと思います。
3. 私にとってはこれよりいいものはありません。

73

1. そこに行ったのは妹だったかもしれない。
2. 彼も今日ここに来るかもしれない。
3. あなたが乗った電車が私が乗ったバスより速かったかもしれません。
4. この方法がもっと民主的かもしれません。

74

1. 彼がそれをするかどうかわからない。
2. それはいい作品なのかどうか考えてみる。
3. 日本の物価は高かったのかどうかわかりません。
4. 金さんの方法が民主的だったかどうかわからない。

75

1. 彼は手紙を書き続けました。
2. 走り続けている車を眺めながら立っていた。
3. 彼は泣き続けている彼女を宥めた。

76

1. 彼らは水を使いつくしてしまった。
2. 彼のことは知りつくしている。
3. 言いたいことはすべて書きつくした。

77

1. この水はとうてい飲みきれません。
2. 12時までにはとうてい書ききれません。
3. 時間が足りなくて「雪国」を昨夜読みきれませんでした。

78

1. お酒を飲みすぎると体を悪くします。
2. おいしくて食べすぎました。
3. これは辛すぎますね。
4. 高く上がりすぎて怖かったです。
5. それは不安すぎます。
6. ここは不便すぎて困ります。

79

1. 私は小説よりはエッセイが書きやすいと思います。
2. この薬より飲みやすいものはありません。
3. 高速道路ができて車が走りやすくなりました。

80

1. この薬はそんなに飲みにくいものではありません。
2. この本には読みにくい漢字がたくさんありますね。
3. 険しい山道は登りにくいです。

81

1. 負けっぱなしでいる人の立場も考えてください。
2. 彼はやられっぱなしでいる。
3. 彼女はずっと愛されっぱなしでいる。

82

1. これは私が着なれた洋服です。
2. キムチももう食べなれました。

3. これが私が乗りなれた車です。

83

1. 子供達は歩きながら歌っています。
2. テレビを見ながら食事をすることはいい習慣ではありません。
3. 加藤さんは会社に勤務しながら勉強しています。

84

1. あっちに行ってみなさい。
2. 昨日のことを詳しく話してみなさい。
3. 話してみなさい。
4. 書いてみなさい。
5. 歌を歌ってみなさい。
6. あの車に乗ってみなさい。

85

1. これはいくら食べたって太らない。
2. この映画は見たっておもしろくない。
3. この仕事はあなただってできます。
4. いくら安全だって注意した方がいい。

86

1. 彼に手紙を今書いたらどうですか。
2. 毎日運動をしたらどうですか。
3. テニスでも習ってみたらどうですか。

87

1. 作品の世界における象徴性について論じなさい。
2. これは初等学校における教育施設についての報告書です。
3. 外国文学における問題点について考えています。

88

1. 彼はここに来るはずがありません。
2. あなたがこの本を読むはずがありません。
3. 彼はそこに行っているはずです。

89

1. 私も来週には日本へ行くつもりです。
2. 映画でも見たつもりで、書店に行って本を買いました。
3. 確かにここに置いたつもりですが、いくら探してもないですね。

90

1. 来年には物価がさらに上がるとのことです。
2. 古里の親は元気でいるとのことです。
3. 新聞によると昨日ソウルで大きな事故があったとのことです。

91

1. 一人で行くのもなんですから一緒に行きましょう。
2. りんごだけ食べるのもなんですから梨も食べましょう。
3. そんな仕事をするのもなんですからやめてください。
4. 勉強ばかりするのもなですからすこし休みましょう。

92

1. あなたが行くなら私も行きます。
2. 寒いなら寒いと言ってください。
3. 山なら白頭山ですよ。
4. そんなに不安なら行かない方がいいでしょう。

93

1. 私は肉が嫌いというわけではありませんが、野菜の方がもっと好きです。
2. 私一人で彼女に会うというわけではありませんから誤解しないでください。
3. 絶対に会わないというわけではありません。

94

1. そこに一人で行くわけにはいかない。
2. 誤解を受けているので、彼女に会うわけにはいきません。

3. 「会ってください」という言葉を聞いたので、会わないわけにはいきません。
4. 明日が休みですから、行かないわけにはいきません。

95

1. 明日は雨が降るおそれがあります。
2. しかし、風が吹くおそれはありません。
3. 転ぶおそれはないが、注意しなさい。
4. 失敗するおそれもないのに、なぜ心配しますか。

96

1. 大学は出たものの、就職ができませんでした。
2. 勉強はしたものの、自信はありません。
3. 行くとは言ったものの、行けるかどうかわかりません。

97

1. 彼も明日は行く<行かない>ような気がします。
2. 明日は寒い<寒くない>ような気がします。
3. 図書館は今静かな<静かでない>ような気がします。
4. あの旅行客達は日本人の<日本人でない>ような気がします。

98

1. 日本語の実力にかけては彼よりいい人はいないと思います。
2. 時計の技術にかけては彼が最高だと思います。
3. テニスにかけては彼はだれにも負けないと思います。

99

1. たんぽぽの花はバラの花と違って、生命力が感じられます。
2. 日本料理は韓国料理とちがって、淡白です。
3. 絵は写真とちがって、芸術性が豊富です。
4. 朴さんは金さんとちがって日本語が上手です。

100

1. 家庭教育も家によってちがう。
2. 文章も作家によってちがいます。
3. 問題は先生によってちがう。

101

1. 彼は歌が上手です<下手です>。
2. 彼女は字が上手です<下手です>。
3. あなたはテニスが上手ですか<下手ですか>。

102

1. 自分の役割をはたす人になりなさい。
2. 彼女は自分の念願をはたすために努力しました。
3. 彼は自分の責任をはたす人でした。

103

1. 彼だけが悪いとはかぎりません。
2. 私が行かなければいけないとはかぎりません。
3. ここだけが安全だとはかぎりません。

104

1. 彼はなにもわからないみたいだ。
2. 今外は雨が降っているみたいですね。
3. 彼はノルブみたいですね。

105

1. 強い風が吹いたがゆえに木が倒れました。
2. 花は美しいがゆえに人々に愛される。
3. 今度はあなたの不注意のゆえに失敗しました。
4. おまえは私の息子だ。ゆえに愛している。

106

1. ただソウルに行っただけで、彼女には会いませんでした。
2. 風が吹くだけで、寒くはありません。
3. 私ができる外国語は英語だけで、日本語はできません。

107

1. お酒は飲めば飲むだけ酔う。
2. 食品はおいしければおいしいだけ値段も高いです。
3. 静かならば静かなだけ勉強もよくできます。

108

1. この薬は飲めば飲むだけのことはあると思います。
2. 今度の行事は国際的だっただけのことはあったと思います。
3. 強ければ強いだけのことはあるのです。

109

1. 彼は一生懸命勉強しただけあって、試験に合格しました。
2. ここは涼しいだけあって、仕事の能率が上がった。
3. この施設は便利なだけあって、大勢の人が利用しました。

110

1. 彼は一生懸命勉強しただけに、試験に合格した。
2. 新幹線は速かっただけに、早く到着した。
3. 国際的なだけに、この都市には外国の観光客がたくさん来る。
4. 政治家だけに、彼は影響力がある。

111

1. 手紙を書いているうちに電話がかかってきました。
2. 涼しいうちに勉強しなさい。
3. 静かなうちに勉強します。
4. 一週間のうちにまた来ます。

112

1. 彼はテニスをするだけではありません。水泳もします。
2. 新幹線は速いだけではなく、便利です。
3. この施設は安全なだけではなく、便利です。
4. 行くのは私だけではなく、彼も行きます。

113

1. 私も今食事を終えたところです。
2. 鐘が鳴ったところで彼は来ました。
3. もしもし、私今ソウル駅に着いたところです。

114

1. これから手紙を書くところです。
2. これから食事をするところです。
3. これから帰るところです。

115

1. 彼は食事をしているところです。
2. 私は今手紙を書いているところです。
3. 電話を書けているところに彼が来ました。

116

1. その問題を解けなかったばかりに、落ちた。
2. 油断したばかりに、事故を起こしてしまった。
3. 風が強すぎたばかりに、木が倒れてしまいました。

117

1. 彼に頼んだところ、承諾してくれた。
2. その仕事をしたところ、意外とやさしかった。
3. 一生懸命勉強したところ、合格した。

118

1. その薬を飲んだところが、どんどん悪くなって風邪をこじらせました。
2. 外出したところが、雨に降られた。
3. 実験してみたところが、うまく結果がでませんでした。

119

1. 彼らは肉を食べるどころか、野菜も食べられません。
2. 肉どころか、野菜もない。
3. 彼女はその話を聞いて泣いたどころか、笑っていました。
4. 楽しいどころか、苦しいだけでした。

120

1. 簡単に見えるからといって、そんなにやさしいわけではない。
2. アメリカで生活したからといって、必ず英語が上手というわけではない。
3. いっしょうけんめい勉強したからといって、合格するとは限らない。
4. ゆるすからといって、いいとは限らない。
5. 図書館だからといって、静かだとは限らない。

121

1. 日本に来たからには、日本の生活に慣れなければなりません。
2. 勉強をするからには、いっしょうけんめいしなさい。
3. 日本に行くからには、日本語を話せる方がいい。

122

1. 小説『雪国』を読むから、買ってください。
2. 私は夜遅くまで勉強するから、朝早く起きられません。
3. 暑いから窓を開けてください。
4. 静かだから勉強しましょう。
5. いい本だから読んでもいいと思います。

123

1. 昨日は風が強く吹いたので、家にいました。
2. 寒いので、今日は街へ出ませんでした。
3. 民主的なので、私は彼が好きです。
4. いい作品なので、勧めます。
5. してあげますので、待っていてください。

124

1. あなたが今度失敗したのは、試験勉強をしなかったからだ。
2. 彼が叱られたのは、仕事をしないで遊んだからです。
3. 私が彼女に会えなかったのは、時間を守らなかったからではありません。

125

1. あなたは彼女に会ったことがありますか。
2. 私はまだ日本に行ったことがありません。
3. 金さんはその人と話したことがありますか。

126

1. 一生懸命勉強したからこそ、合格したのです。
2. お金が多いからこそ、いい生活ができるのだ。
3. その人だからこそ、話ができるのです。
4. 自分の子供を愛するからこそ、叱るのです。

127

1. 今日はいくら暑いといっても、32度にすぎない。
2. 彼がいくら遠くに行ったといっても、釜山まで行ったことにすぎない。
3. ソウルがいくら遠いといっても、200キロにすぎない。
4. それは憶測にすぎない。

128

1. それは私にはございません。
2. これが私の本でございます。
3. 今日は暑うございます。
4. さようでございます。

129

1. 学校へ行かずに、何をしていますか。
2. ご飯は食べずに、りんごだけ食べている。
3. 今日は彼女に会わずに、はやく帰って来ました。

130

1. きみには何も言うまい。
2. こんな所には二度と来るまい。
3. 明日は雨は降るまい。

131

1. 彼が来ようが来るまいが、会議は予定どおり始めます。
2. 風が吹こうが吹くまいが、必ず来てください。
3. あなたがしようがするまいが、私はしません。

132

1. これは健康によくないから、食べるな。
2. そんなにいつまでも泣くな。
3. そんな危険な遊びはするな。

133

1. 風邪が治ったから苦い薬は飲まずにすんだ。
2. 叱られなくてもすんだことを、きみの間違いで叱られた。
3. 雨が降ったから、今日は練習をしなくてもすんだ。

134

1. もうその子に会うんじゃないよ。
2. その子と遊ぶんじゃないよ。
3. お母さんが帰って来るまでこれを食べるんじゃないよ。

135

1. この作業はあなたがするべきだと思います。
2. あなたが会長だから、昨夜は来るべきじゃありませんでしたか。
3. 日曜日には教会に行くべきだと思います。

136

1. 人の好意は受け入れるものだ。
2. 何とかしてはやく教えてあげたいものだ。
3. 彼にはよくだまされたものだ。

137

1. 寝ているふりをしながら、人の話を聞いている。
2. 勉強をしながら、しないふりをしている。
3. 正直ではないのに、正直なふりをするな。
4. 知らないふりをするな。

138

1. 私も明日はソウルに行くしかありません。
2. 発表会のために先生に会うしかありません。
3. その噂には驚くしかなかった。

139

1. 仕事の大小にかかわらず、報告しなさい。
2. 注意したにもかかわらず、失敗しました。
3. 努力したにもかかわらず、成功できなかった。

140

1. 彼も今晩は行きそうもないから、安心してください。
2. これは食べられそうもないから、捨てましょう。
3. 明日は休めそうもないから、諦めよう。

141

1. 彼女だから小説を読むとはかぎらない。
2. 寒いから服を厚く着たとはかぎりません。
3. いい車だから速いとはかぎりません。
4. 田舎だから長閑だとはかぎりません。

142

1. この頃は寒くなるいっぽうだ。
2. 私は彼に殴られるいっぽうでした。
3. この頃の物価は下がるいっぽうです。

143

1. 近づくにつれて、物体ははっきり見え始めました。
2. 夜が深まるにつれて、だんだん静かになりました。
3. 研究が進むにつれて、結果も出始めました。

144

1. 一生懸命勉強したものだから、合格しました。
2. 昨夜大変寒かったものだから、風邪をひいてしまいました。
3. 人達が親切だったものだから、不便ではありませんでした。

145

1. それをするついでに、これもしてください。
2. ソウルに来たついでに、金さんにも会いました。
3. 研究するついでに、文学の勉強もします。

146

1. あなたはこの川が深いといいましたが、深くもなんともないですね。
2. 安全でもなんともないこんなものを買えと言うんですか。
3. そんな非人道的な人間は学者でもなんでもありません。

147

1. あなただったらこれをどうしますか。
2. その事件だったら、彼が解決しました。
3. この飛行機がほんとうに安全だったら、人達はどうして乗りませんか。
4. その方法が民主的だったら、私も従います。

148

1. そんなふうに知らないふりをするな。
2. 研究はどんなふうにしていますか。
3. そんなふうでは成功することができません。

149

1. 子供の教育は興味を持たせつつ、指導するべきです。
2. 私達はお互いに助けつつ、生活しています。
3. 親は子供を叱りつつ、心の中では愛しているのです。

150

1. 野球はAチームが勝ちつつあります。
2. 車は彼女がいるソウルに向かい走りつつあります。
3. この会社は成長しつつあります。

151

1. 夜遅く一人で外出するなんて危険だね。
2. こんな深いところで水泳をするなんて、危険だからはやく出てください。
3. こんな所が静かだなんて、そんな馬鹿な話がどこにある。
4. こんな顔が奇麗だなんて理解できない。

152

1. そんな所に行く旅行だとしても、こんな所に残っているよりましだと思う。
2. ないよりはましだ。
3. そんな解決でも不安でいるよりはましです。
4. 子供でも私よりはましだと思います。

153

1. 昨日デパートに行ったら田中さんも来ていました。
2. 夜遅く勉強していたら彼女が訪れて来ました。
3. 空を見たらお月様が笑っていました。

154

1. 今彼が書いている論文のテーマはなんだろうかと考えてみたがわからない。
2. 彼女の結婚生活は幸せだろうかと考えてみた。
3. 北極はどんなに寒いだろうかと想像してみました。
4. 彼はいつ来るだろうかと待っています。

155

1. 人の失敗を見て笑わなくともいいだろう。
2. どんなことがあろうとも仕事をしてはいけません。
3. 遅くとも6月には完成させたいです。

저자 소개

임종석(林鍾碩)

1943년 전북 임실 출생
전주대학교 일어교육학과 졸업
일본 도호쿠 대학(東北大學) 대학원 문학연구과 석・박사과정 졸업
(문학박사, 학위논문『川端康成の研究』)
전 일본 센다이(仙台) 한국교육원장
전 한국 일본문화학회 초대회장
현 충남대학교 일어일문학과 부교수
현 한국일본근대학회 고문

지름길 일본어작문

초판 발행 2000년 8월 28일
재판 발행 2002년 3월 10일
저 자 임종석
발 행 인 김흥국
발 행 처 도서출판 보고사(등록 제6-0429)
서울시 성북구 보문동7가 11번지
Tel. : 02-922-5120~1 Fax. : 02-922-6990
E-mail : kanapub3@chollian.net
HomePage : www.bogosabooks.co.kr
ISBN 89-8433-041-8

정가 9,000원